たった一言で心を支配する

ENCYCLOPEDIA OF PSYCHOLOGICAL TACTICS

相手を操る心理術事典

西島秀穂
HIDEHO NISHIJIMA

SOGO HOREI Publishing Co., Ltd.

はじめに

「心理術」と聞くと、あなたはどのような印象を抱きますか？
　心理学を専門で学んだ人しか使えない特殊な技術？
　人の心を読む怪しい技術？

　ここで私の心理術に対する見方をお伝えしましょう。私は心理術を「人間関係をスムーズにするツール」と見ています。
　どうでしょう、「人間関係をスムーズにするツール」と聞くだけで簡単そうに思えませんか？

　別の見方をしてみましょう。
　たとえば、あなたは職場の上司が苦手だとします。上司が苦手なあまり、職場では極力気配を消し、上司や同僚から隠れるように仕事をしています。そんな職場、窮屈ではありませんか？　そんなとき、心理術はそっとあなたの背中を押してくれます。
　上司に報告をするとき、お願いごとをするとき、指導を受けるときなど、さまざまな場面で心理術の出番があります。
　また、部下や後輩、取引先の人と接するときや、プライベートで気になる相手と接するときにも心理術は活躍します。

　本書は、相手の本音を見破る、苦手な相手を動かす、感情

をコントロールするなど、さまざまなシーンで使える心理術のテクニックを300以上紹介しています。本書があなたの生活に寄り添い、お役に立つことができたら幸いです。

西島秀穂

登場人物紹介

心理の神さま
(なぜか関西弁)

本書の構成

第1章 相手の本音を見破る心理術

しぐさや表情、口ぐせなどから、相手の本音を見破るテクニックを紹介しています。

第2章 苦手な相手を操る心理術

職場の上司や生意気な部下など、苦手な人と接するときのポイントを紹介しています。

第3章 相手を思いのままに操る

説得やお願いをするときに、相手が思い通りに動いてくれるようになるテクニックを紹介しています。

第4章 自分の印象をよくする心理術

気になる人とのコミュニケーションで、自分の印象をよくする便利なテクニックを紹介しています。

第5章 感情をコントロールする心理術

イライラを鎮めたり、やる気を出したりするときに使える心理術を紹介しています。

こんなときに使ってください

「相手の気持ちを知りたい」「自分の感情を整理したい」
「気になる人に振り向いてもらいたい」「上司から怒られたくない」
こんなことを感じたことはありませんか？
これらの悩み、すべて心理術で解決できるのです。
次のようなことを感じたら、本書を開いてみましょう。

- 身近な人の本音を知りたいとき
- 上司から怒られたくないとき
- 部下に効果的な指導をしたいとき
- 相手に心を許してもらいたいとき
- 気になる人にいい印象を与えたいとき
- 苦手な人に自分の考えを伝えたいとき
- イライラや悲しい気持ちになったとき
- やる気を出したいとき

本書の使い方

本書では、ビジネスやプライベートでの人間関係に使える心理術をシチュエーション別に紹介しています。相手の本音を理解し、相手を動かせるようになるように、ぜひ活用してください。

① 使うシーン
よく使うシーンごとに分けて紹介。知りたいシーンがすぐに探せます。

② シチュエーション
どんな状況で使うべきなのか、どういう人に向けて使うべきなのかを示しています。

③ 心理術のテクニック
すぐに使える心理術のテクニックを紹介しています。

④ ワンポイントアドバイス
どのような状況で使うのか、どのように相手を動かすのかなど、注意ポイントを紹介しています。

Column もっと知りたい「心理法則」

各章の最後に、その章で紹介したテクニックの心理法則を紹介しています。各章のまとめとして活用してください。

① 心理法則
心理法則の名前です。

② 解説
心理法則の解説です。名前の由来や効果などを紹介しています。

③ 参照ページ
心理法則にもとづいたテクニックを紹介しているページです。

はじめに ……………………………………… 4
本書の構成 …………………………………… 6
本書の使い方 ………………………………… 8

第1章 相手の本音を見破る心理術

目の動き ……………………………………… 16
口・鼻の動き ………………………………… 21
しぐさ・くせ ………………………………… 23
座る・歩く …………………………………… 29
会話中のしぐさ ……………………………… 33
話し方 ………………………………………… 37
口ぐせ ………………………………………… 43

嘘をつく ………………………………………… 48

身だしなみ ………………………………………… 52

好きな色 ………………………………………… 55

冗談が通じない人 ………………………………… 59

第2章
苦手な相手を操る心理術

意見を言う ………………………………………… 66

謝る ………………………………………………… 70

共感する …………………………………………… 74

お願いごとをする ………………………………… 76

指導する …………………………………………… 79

避ける ……………………………………………… 82

断る ………………………………………………… 86

第3章
相手を思いのままに操る心理術

説得する ………………………………………… 94

依頼をする ……………………………………… 101

誘導する ………………………………………… 110

指導する ………………………………………… 117

信頼関係を築く ………………………………… 122

第4章
自分の印象をよくする心理術

2人で話す ……………………… 130

話す距離 ……………………… 134

言葉遣い ……………………… 136

話を聞く ……………………… 140

しぐさ ………………………… 142

身だしなみ …………………… 144

態度 …………………………… 146

初対面 ………………………… 150

好意を抱かせる ……………… 153

第5章
感情をコントロールする心理術

怒りを鎮める ……………………………… 160

悩みを解消する ………………………… 164

自信をつける …………………………… 171

モチベーションを高める ………………… 175

リラックスする ………………………… 179

幸福感を高める ………………………… 181

おわりに ………………………………… 186

第1章

相手の本音を見破る心理術

この章では、他人の"本音"を見破るテクニックを紹介しています。しぐさや表情、口ぐせなど、無意識になされる行動には人の本音が隠れています。本音を見破るテクニックを学びましょう。

目の動き

目は本音があらわれやすい場所。視線や瞳孔、眉の動きに注目すると、相手の気持ちが手に取るようにわかるのじゃ。

★ 緊張しているとき

まばたきの回数が多くなる

POINT 人は通常、約10秒に1回のペースでまばたきをします。ところが緊張していたり、ストレスがかかっていたりする状態では、まばたきの回数が増えます。目の前の人が慌ただしくまばたきをしていたら、ストレスがかかっているサインです。

★ 興味があるとき

目を見開いて、瞳孔が開く

POINT 「目は口ほどに物を言う」ということわざの通り、目は雄弁に感情をあらわします。興味があるものの前では自然と瞳孔が開きます。瞳孔の動きはコントロールすることができないため、観察することで相手の本音がわかるのです。

★ 対抗心を持っているとき

目を合わせたまま、視線をそらしてくれない

POINT 目を見て話すことは大切なことだとも言われますが、ずっと見つめ続けられるとストレスがかかります。相手があなたの目から視線をそらさないときは、あなたに強い対抗心を持っているサイン。感情を逆なでしないようにしましょう。

★ 主導権を握りたいとき

視線を先に外すと、会話の主導権を奪える

POINT 相手と目が合ったときには、先に視線を外しましょう。すると、相手の心に「何か失礼なことをしてしまったのかもしれない」という不安を植えつけることができ、話の主導権を奪うことができます。

★ 嫌悪感を抱いているとき

眉間がピクリと動く

POINT 人は嫌いな人やものを見ると、皺眉筋(すうびきん)という筋肉が無意識に動き、眉間がピクリと動きます。反対に好きな人やものには、頬がゆるみます。人と会ったら相手の眉間と頬に注目しましょう。

第1章　相手の本音を見破る心理術

17

★ 眼球の動き①

上を見ている

POINT 何かを思い出している、イメージしているときに上を見ます。上を見ているときは、脳が視覚にアクセスしているとき。考えている最中ですので、矢継ぎ早に質問をしたりせずに相手が話し出すのを待ったほうがいいでしょう。

★ 眼球の動き②

左右に動く

POINT 左右に動いているのは、音を注意深く聞こうとしていたり、音のイメージを思い描いているとき。脳が聴覚にアクセスしようとしています。相手が周囲の音を聞いているようなら、なるべく音を出さないように協力しましょう。

★ 眼球の動き③

下を見ている

POINT 身体的な違和感や、過去の身体を伴った体験をイメージしているときには、下を見ることが多くなります。

★ 眼球の動き④

右上を見ている

POINT 右上を見ているときは、未来のことを考えている状態です。また、よく右上を見るくせがある人は、論理的な思考の持ち主で、傾向として理系の人が多いのも特徴です。

★ 眼球の動き⑤

左上を見ている

POINT 右上とは反対に、過去の記憶や体験をイメージしている状態です。また、よく左上を見るくせがある人は、直感的に物事を考える、芸術家タイプの人という特徴があります。

★ 眼球の動き⑥

右横を見ている

POINT 右横を見ているときは、その場で聞いたことのない音が起き、それに対するイメージを膨らませているときです。音に集中していますので、相手がより集中できるように配慮できるといいでしょう。

第1章　相手の本音を見破る心理術

★ 眼球の動き⑦

左横を見ている

POINT 左横を見ているときは、会話の記憶を音やイントネーションから思い出そうとしています。

★ 眼球の動き⑧

右下を見ている

POINT 右下を見ているときは、身体の変化や感覚に意識を向けています。また、過去の感情や体験を思い出しているときにも、同様に右下を見る傾向があります。

★ 眼球の動き⑨

左下を見ている

POINT 左下を見ているときは、自己との対話をしています。頭の中で自分自身と話していたり、独り言を言っているときにも左下を見る傾向があります。

口・鼻の動き

興奮したときは、鼻の穴が動いたり、唇を動かしたりするもの。感情と関連した動きが多いのが、口と鼻なんじゃ。

★ 作り笑いをしているとき

目は開いたまま、口だけで笑っている

POINT 相手が作り笑いをしているか、本心から笑っているかは、相手からあなたへの好意の度合いをはかる基準になります。本心から笑っているときは、口角が上がり、目が細くなります。それに対して作り笑いは、目は開いたままで口角だけが上がります。

★ ストレスを感じているとき

口を真一文字に結んでいる

POINT ストレスがかかると、人は無意識に筋肉をこわばらせます。それがわかりやすくあらわれるのが、口。口を真一文字に結んでいたら、高い確率で不安や怒り、緊張などのストレスを感じています。

第1章 相手の本音を見破る心理術

★ 興味があるとき

唇をなめている

POINT ストレスで口元がこわばるのと反対に、興味があるときは、唇をなめるというサインが出ることも。その他にも、唇を噛んでいたら、不満を感じていたり、何かを我慢していたりする可能性があります。

★ 苦手な相手と会ったとき

反射的に作り笑いをしている

POINT 相手があなたに苦手意識を持っている場合、すぐに見分ける方法があります。偶然を装ってすれ違いざまに挨拶をしてみましょう。そのとき、相手が反射的に作り笑いをしたら、無意識のうちにあなたへの敵意を隠そうとしているのかもしれません。

★ 興奮しているとき

鼻の穴が小刻みに動いている

POINT 人は興奮していると、呼吸が激しくなります。たとえ相手が興奮を悟られたくないと思っていても、鼻の穴に注目すると、呼吸が激しくなっている影響で、鼻の穴が小刻みに動いていることがあります。

しぐさ・くせ

何気ないしぐさやくせも、相手の本音を読み解く大切なヒント。見落とさないように注意するのじゃ。

★ 後ろめたいことがあるとき

手や足の動きが小さくなる

POINT 手足の動きが小さくなったら、自分の存在感を消そうとしているサインです。これは、後ろめたい気持ちがあり、それを相手に悟られまいとして無意識にしてしまう行動です。

★ 本心を見せない人

いつもポケットに手を入れている

POINT 習慣的にポケットに手を入れている人は、自分のプライバシーを過度に守りたがる秘密主義者なことが多く、なかなか本心を明かしてくれません。相手の警戒心を解くまでに時間がかかることも覚悟しましょう。

★ 警戒しているとき①

首をすぼめて話している

POINT 首は、人にとっては急所です。その急所をすぼめて隠している ということは、相手を信頼できず、警戒している心理があらわ れています。反対に首を前に出し、首元を見せている人は好意 を抱いているかもしれません。

★ 警戒しているとき②

両手の指を絡ませている

POINT テーブル越しに話すときは、相手の指にも注目。テーブルの上 に出していて、両手の指を組んでいたら、警戒していて自分の 身を守ろうとしている気持ちがあらわれています。心理的な壁 ができているので、慎重に話すようにしましょう。

★ 気まずいとき

携帯電話をしきりに触っている

POINT 他の人といるときに、携帯電話を触っているのは、気まずくて その場から逃れたいという心理のあらわれ。会話から逃げたが っていますので、話題を変えるか、話そのものを打ち切ったほ うがいいことも。

★ 集中したいとき

ボールペンを
たくさんノックしている

POINT 会議や仕事中に、ボールペンをやたらとノックする人を見たことがありませんか？　他の人からすると耳障りな行為かもしれませんが、本人は集中力を高めている状態です。むやみに注意したりせず、そっとしておいたほうがいいのです。

★ 拒絶しているとき

脇に手を挟む腕組みをしている

POINT 腕組みは、人の心理があらわれやすい行動です。脇に手を挟み、体を抱え込むように腕組みをしている人は、自分の身を守るために、あなたのことを拒絶しているかもしれません。

★ 自分を大きく見せたいとき

腕組みをしながら、体を反らせる

POINT 自分のことを強く、大きく見せたいと思っている人は、腕組みをするときに顔が上を向き、体を反らせることが多くなります。

第1章　相手の本音を見破る心理術

25

★ 強いストレスを感じているとき

水をたくさん飲んだり、大きなため息をついたりする

POINT 強いストレスを感じたり、緊張する場面が終わったあとなどは、頻繁に水を飲んだり、頬を膨らませて息を吐いたりします。無意識に行われる「なだめ行動」と呼ばれる行動のひとつです。

★ 苦手な相手といるとき

男性は肩が平行に、女性は肩が上がる

POINT 苦手な相手といるとき、男性は隙を見せないように身構えるため、肩が平行になります。反対に女性の場合は、相手から遠ざかりたいという心理が働き、肩が上がってしまいます。

★ 怒りを感じているとき

あからさまな咳払いをしている

POINT 大きな咳払いをされたら、相手がイライラしているサイン。相手は怒りをあなたに伝えようとアピールしています。無理に会話を長引かせず、離れることで穏便にすませましょう。

★ 寝相でわかる性格①

仰向け寝は自信家

POINT 王様のように、仰向けで堂々とした姿勢で寝る人は、自信家でおおらかな性格の持ち主という傾向があります。このタイプの人は隠しごとが得意ではなく、周囲に対して開けた心を持っています。

★ 寝相でわかる性格②

うつ伏せ型は真面目

POINT 布団にうつ伏せになって寝る人は、几帳面で真面目な傾向があります。このタイプは、あらかじめ計画を立てて、その通りに進めるのが得意なタイプです。ただし、自分の思い通りに進めたいという自己中心的な一面もあります。

★ 寝相でわかる性格③

囚人型はストレスを抱えている

POINT 横を向いて、手首や足首を交差させて寝る姿勢を囚人型と呼びます。この姿勢で寝ている人は、人間関係や仕事でストレスを抱えている可能性があります。

第1章 相手の本音を見破る心理術

★ 寝相でわかる性格④

胎児型は依存心が強い

POINT 胎児のように、体を丸めて寝ている人は、誰かに守ってもらいたいという心理があり、依存心が強い傾向があります。自分の殻にこもりやすいですが、仲良くなった人とは深く付き合う特徴もあります。

★ 寝相でわかる性格⑤

半胎児型は要領がいい

POINT 胎児型よりも、背中が丸まっていない半胎児型の人は、バランスがとれた性格の持ち主という傾向があります。物事をスムーズにこなす要領のよさが特徴でもあります。

★ 寝相でわかる性格⑥

スフィンクス型は攻撃的

POINT うつ伏せの姿勢から、ひざを折り、背中を丸めるスフィンクスのような姿勢で寝る人は、寝ることそのものを潜在的に拒否しています。眠りが浅く、覚醒時にやや攻撃的になる一面があります。

座る・歩く

普段無意識にしている行動にこそ、人の本音はあらわれる。さりげなく観察して、相手の本音を探るのじゃ。

★ 安心しているとき

足を開いた姿勢で座る

POINT 足の向きや動きというのは、普段からなかなか意識できるものではありません。それだけに無意識に潜在意識が反映されます。足を開いているのは、力んでおらず、リラックスしているサインです。

★ 警戒しているとき

足を閉じた姿勢で座る

POINT 固く足を閉ざしている場合、相手はあなたのことを警戒し、不安や緊張を感じている可能性があります。また、足をだらしなく投げ出していたら、相手を見下している可能性もあります。

★ 興味があるか知りたいとき

つま先が向いている方向を見る

POINT 相手のつま先があなたのほうを向いていたら、それはあなたの話に興味を持っているサイン。反対に、あなたのいる方向とは別の方向を向いていたら、あなたの話に興味を持っていない可能性があります。

★ 拒絶しているとき

つま先トントンは
強い拒絶のサイン

POINT 相手がつま先を上げ下げして床を「トントン」としていたら、それは拒絶のサインです。反対に、かかとを上げ下げする「貧乏ゆすり」は、緊張や不安を抑える行動です。足の上げ下げは足先に注目しましょう。

★ 話に興味があるとき

前傾姿勢になる

POINT 興味がある話題や興味がある人と話すとき、人は無意識に姿勢が前のめりになります。反対に、興味がない話題では体をのけ反らせます。姿勢は体のパーツよりも観察しやすいので、話しながら観察してみるといいでしょう。

★ 敵対心を抱いている

胸を突き出すようにしている

POINT 胸を突き出すと、体を大きく見せることができます。相手が無意識にこの姿勢を取っていたら、あなたに対して敵対心を抱いているかもしれません。冷静に対応して、下手に刺激しないようにしましょう。

★ 緊張しているとき

椅子に浅く腰掛けている

POINT 椅子に浅く腰掛けている人は、無意識にすぐにその場から逃げ出せる体勢を取っています。本音を引き出しにくい状態ですので、まずは相手にリラックスしてもらえるように、場の空気を作りましょう。

★ 話に飽きているとき

頻繁に足を組みなおす

POINT 足を組むくせがある人も多いですが、会話中に頻繁に組み方を変えていたら、相手は話に飽きているかもしれません。そんなときは、話を変えるか、話自体を切り上げてしまいましょう。

第1章 相手の本音を見破る心理術

★ 会議の座り順

正面に座ってくる人は
意見が対立している人

POINT 空席が十分にあるにもかかわらず、あえて正面に座ってくる人は、あなたに対して不満や言いたいことがある可能性が高いです。座った人の性格や過去の発言から、反論がきた場合の切り返し方を考えましょう。

★ 好意があるとき

組んだ足が自分のほうを
向いていたら、心を開いている

POINT 隣り合って座っているときに、相手が足を組んでいたら、組み方に注目してみましょう。上になっている足が自分のほうを向いていたら、あなたに心を開いているサイン。逆を向いていたら、その反対のサインです。

★ マイペースな人

早足で歩く

POINT よほど急いでいたりしない限り、歩くスピードにはその人の性格があらわれます。早足で歩く人は自分のペースを大切にするマイペースな人。反対に、ゆっくりと大股で歩く人は、さまざまなことを見渡すリーダー気質な人です。

会話中のしぐさ

本音を知りたいと思うなら、会話中の手や体の動きに注目しよう。いろいろな情報が隠されているのじゃ。

★ 心を開いているとき

手のひらを見せながら話している

POINT 相手があなたに向かって手のひらを見せながら話しているときは、気を許し、親近感を抱いています。このときは、すでに信頼関係が築けていますので、より踏み込んだ話をしても拒絶されにくいでしょう。

★ 感心しているとき

あごに手を当てている

POINT 相手があごに手を当てているときは、あなたの話に同意し、感心している可能性が高いです。ただし、相手を疑っているときにこのしぐさをする人も多いので、声色や目線なども総合的に考えて、そのあとの話の展開を考えてみましょう。

★ 不安を感じているとき

髪や体を触りながら話している

POINT 不安やストレスを感じているときに、無意識に髪や体を触ってしまう人も多くいます。会話中に相手がこの行動を取ったら、不満があるのかもしれません。何か気になっていることがないか、さりげなく探って不安の解消に努めましょう。

★ 疑っているとき

後頭部に手を当てている

POINT 後頭部に手を当てている人を見ると、リラックスしていたり、照れていたりするなどと考えがちですが、全然違う可能性があります。手を頭の後ろに持っていくときには、相手のことを警戒していることもあるのです。

★ 冷静になろうとしているとき

額に手を当てている

POINT 額の近くには思考を司る前頭前野があります。緊張し、冷静な思考を取り戻そうとしている人は、無意識に額を触ることで、頭の血流をよくして、判断力を高めようとしているのです。

★ 飽きているとき

頻繁に耳を触っている

POINT 会話中に耳を触っている人は、相手の話に退屈してしまっている可能性があります。しきりに触っているようなら、すでに関心がなく、熱心に同じ話題を話し続けても無駄かもしれません。話題を変えるなどの工夫をしましょう。

★ 不快に思っているとき

拳を握りしめている

POINT 手は感情をストレートにあらわすケースが多くあります。拳を強く握っているときは、不快感を感じ、拒絶しているサイン。手のひらの動きはパーはOK、グーは拒絶と覚えておきましょう。

★ 頼られているとき

唇に触れたり、爪を噛んでいる

POINT 口元に手をあて、爪を噛んだりするしぐさは、ストレス解消の一種。精神的に自立していない人は、この行動を取りがちという傾向もあります。目の前の相手が爪を噛んでいたら、無意識にあなたに頼ろうとしているのかもしれません。

第1章 相手の本音を見破る心理術

35

★ 隠しごとをしているとき

唇の端を触っている

POINT 会話の相手が顔を触っている場合、触っている場所で相手の本音がわかることがあります。唇の端を触っているのは、隠しごとをしているサイン。他に、眉間に手を当てているときはイライラしている場合があります。

★ 見下されているとき

あごを上げて話している

POINT あごを上げて、話しているのは、あなたに威圧感を与えているしぐさです。自分では気づきにくいものですが、もし他人から「あごを上げがち」と指摘されたら、不用意に敵を作らないためにもやめましょう。

★ 話を切り上げたいとき

指で机をたたいている

POINT 相手が「トントン」と音が聞こえるぐらい、指で机をたたき始めたら、話を切り上げたほうがいいでしょう。わざとやっていなければ、あなたの話に飽きてイライラしているために無意識に出してしまっている行動です。

話し方

話題の選び方や質問で本音を聞き出そう。話し方は本音がわかりやすいサインでもあるのじゃ。

★ 話を誇張しているとき

ジェスチャーが大きい

POINT ジェスチャーが大きい人の話は話半分に聞いたほうがいいかもしれません。適度なジェスチャーは誰でもするものですが、あまりにも大きいと、興味を引くことに一生懸命で自分に酔っている可能性があります。

★ 不安を感じているとき

早口で声が高くなる

POINT 嘘をついていたり、やましいことがあったりすると、それを気づかれないようにしようと、ついつい早口になってしまうことがあります。相手が急に早口になったら、不意に質問をしたり、一度沈黙してみたりして、相手のペースを崩してみましょう。

★ 嘘を見破りたいとき

話の流れとは関係なく、突然予想外の質問をする

POINT 相手の嘘を見破りたいときは、見破りたい嘘とは関係のない会話をして、突然質問をしてみましょう。たとえば、浮気を疑っていたら、その日の出来事などの世間話をしつつ、突然「ところで、○日はどこにいたの？」などと質問をします。

★ 本音を引き出したいとき

「ひょっとして」をつけて質問をする

POINT たとえ、相手が動揺するような核心を突いた質問ができても、本当のことを答えてくれるとは限りません。そんなときには、「ひょっとして○○じゃない？」などと、あくまで仮定の話をしているという体裁で問い詰めてみましょう。

★ 後ろめたいコンプレックスがある人

他人の陰口をよく言っている

POINT 他人の陰口が好きな人が、あなたの周りにもいるかもしれません。その人たちは、実は強いコンプレックスを持っている可能性があります。悪口を言っている他人に、自分自身を投影して話している場合があり、嫌悪のふりをしているのです。

★ ストレスがたまっているとき

独り言が普段より増える

POINT 独り言が増えているときは、心身にストレスがかかっている可能性があります。独り言として考えていることを発散して、精神的なバランスを保っているのです。身近に独り言が増えた人がいたら、リフレッシュを提案してみましょう。

★ 自信がないとき

昔の自慢話をしてくる

POINT 頭のよさや、異性からの人気など、過去の栄光を自慢したがる人は多いもの。こうした人の多くは、現在の自分に自信がないため、過去のうれしかった記憶をよみがえらせているのです。さりげなく聞き流して会話を終わらせるといいでしょう。

★ 理屈っぽい人の本音

理屈っぽいことばかり言う人は、自信がない

POINT 難しい言い方や専門用語、抽象的な言い方など、理解が難しい言葉を好んで使う人は、自分に自信がない傾向にあります。自分をよく見せようとして、必要以上のアピールをしているのです。

第1章 相手の本音を見破る心理術

39

★ 警戒心が強い人

仲良くなっても
丁寧すぎる敬語を使う

POINT なかなか敬語が抜けない人や丁寧すぎて回りくどい話し方をする人は、警戒心が強いタイプです。どれだけ付き合っても親密になれない可能性もあります。警戒心を解く方法を考えるか、無理に付き合うのをやめるといいかもしれません。

★ 人目を気にしているとき

謝るときに言い訳をする

POINT 自分の非を認めず、言い訳を重ねる人は、他人の目を気にする自己保身タイプの人が多い傾向にあります。一方で、他人から好感を持たれる対応は、素直に謝ること。言い訳をする人がいたら、自分の反面教師としましょう。

★ 自分勝手な人

店員や知らない人に
横暴な態度で接する

POINT 知り合いへの言動よりも、赤の他人への言動は、その人の本音を知る上で大切な情報です。店員に横柄な物言いをしている、人ごみをかき分けて、「邪魔だ」などと悪口を言うなどの行動があれば、自分勝手な性格を持っているでしょう。

★ 自分をアピールしたがっている男性

一人称を多用する

POINT 一般的に男性は、好きな相手の前では一人称を多用する傾向があります。「俺は」「僕は」としきりに言っていたら、自分のことをアピールしたいと思っている可能性があります。

★ 幼くて子ども心が抜けていない女性

一人称を自分の名前にしている

POINT 女性で一人称を自分の名前にしている人がいます。こういうタイプの人は、子どものときの習慣が大人になっても残っており、幼さが抜けきっていないのです。もしかすると、人生に対して甘えを持ち続けているのかもしれません。

★ 嘘を見破りたいとき①

イエス・ノーで答えられない質問をする

POINT 相手が嘘をついているか疑ったら、イエスかノーで答えられない質問をしてみましょう。たとえば「昨日は出かけていた？」よりも「昨日は誰といたの？」と聞くと、嘘をつかれても、相手の表情の変化などから嘘に気づけるかもしれません。

第1章 相手の本音を見破る心理術

★ 嘘を見破りたいとき②

時系列とは逆に話してもらう

POINT 嘘をついているかもしれない相手には、簡単に考えられない質問が有効です。出来事が起きた順番と逆に質問をしていくと、ボロが出やすくなります。聞かれていないことまで答える、やたらと早口になるなども嘘をついているサインです。

★ 嘘を見破りたいとき③

言い間違いや、聞き間違いをする

POINT 人には無意識の言動に影響を及ぼす「潜在意識」があります。言い間違いや聞き間違いは、この潜在意識と関係しています。「浮き輪」と「浮気」を聞き間違えるなど、似た響きの言葉に過剰反応するといったケースが考えられます。

★ 話に飽きているとき

相づちを頻繁に打つ

POINT 相づちを頻繁に打っている場合、話に飽きていたり、そのあとに用事があったりするなど話を早く終わらせたがっている可能性があります。体が前後に大きく動いているときも同様です。

口ぐせ

口ぐせには、その人が普段考えていることや性格があらわれるのじゃ。身近な人に当てはめて考えてみよう。

★ 自信過剰な人

「つまり」「要するに」とまとめたがる

POINT 話をしていて、求めてもいないのに「つまり」「要するに」と話をまとめたがる人は、自意識過剰で分析好きな傾向があります。話の着地点を自分の都合のいいように誘導したがっている可能性もあります。

★ 自分を守りたい人

「とりあえず」「一応」を話の最初につける

POINT 「とりあえず」「ひとまず」といった言葉を頻繁に使う人は、自分に自信がなく、自分を守りたがっている傾向があります。どのような意図があろうと、相手にいい印象を与える言葉ではありません。

★ 用心深い人

「でも」「だけど」と
反論ばかりする

POINT 相手の話を受けて、「でも」「とはいっても」など反論ばかりする人は、慎重で用心深い傾向があります。ネガティブな印象を与え、そのあとに自分の主張が続かなければ無責任な印象にもなってしまいます。

★ 自己主張が激しい人

「すごい」「絶対」と話を強調する

POINT 「すごいおすすめ」「絶対いい」など過剰に強調する人は、無意識に自分をアピールしたいと思っている傾向があります。また深く考えず、相手によく思われたい一心で使っている可能性もあります。

★ 自己主張が苦手な人

「なんか」「みたいな」といった
曖昧な言葉を使う

POINT 話の頭に「なんか」とつけたり、最後に「みたいな」「かも」などと曖昧な言い方を多用する人は、自己主張が苦手な傾向があります。周囲との対立を避ける平和主義な反面、不真面目な印象も与えてしまう言葉遣いです。

★ 臨機応変な思考ができる人

「やっぱり」を多用する

POINT 話の中で「やっぱり」を多用する人は、物事を臨機応変に考えることができるタイプです。幅広い考え方ができ、頼りになる反面、考え方が一貫していないという面もありますので、注意が必要です。

★ 依存心が強い人

「えーと」「あの〜」などの無意味語を多用する

POINT 「えーと」や「あの〜」といった意味のない言葉を多用する人は、周囲からの注目を求めている傾向があります。周囲への依存心を持っているタイプですので、肯定してあげることで信頼を得られます。

★ 情報を引き出そうとしている人

「ここだけの話」から話し始める

POINT 「ここだけの話」と言って、自分の秘密を開示してくる人は要注意。自分から秘密を話す人は、無意識のうちに「あなたの秘密も教えて」と要求している可能性があります。よほど相手を信頼していない限り、話を聞くだけにとどめましょう。

第1章 相手の本音を見破る心理術

★ 傲慢な人

強引に「だから」と言って話題を変える

POINT 「だから」は話の腰を折り、強引に話の主導権を奪う言葉です。持っている性格の傾向としては、傲慢で身勝手なため、頻繁に他人と衝突するので、なるべく距離を取るほうがいいでしょう。

★ 自分を過大評価している人

「大変だった」と苦労話をする

POINT 「あのときは大変だったよ」といったように苦労話をしたがる人は、自分のことを過大評価している傾向があります。大変だと言い、周囲から労ってもらうことで、自分の実力や経験を再評価したいという心理です。

★ 几帳面で融通が利かない人

「さて」から話し始める

POINT 「さて」と言ってから話を始める人は、几帳面なタイプ。場の空気や秩序を重んじる反面、融通が利かないという一面もあります。

★ 自分の意見が一番大事な人

「というか」で話し始める

POINT 「というか」は、相手の意見にイエスともノーとも言っていない表現です。この言葉を使う人は、「まずは自分の意見を周囲に聞いてもらいたい」という自己顕示欲が強いタイプです。

★ アイデアマンな人

「意外と」で話を展開する

POINT 「意外と」が口ぐせの人は、イレギュラーな意外性のあることを好む傾向があります。つまり、日常の中から普通とは違った視点で物事を見ることができるアイデアマンでもあります。ただし、周囲の人が振り回されてしまうこともあるので要注意。

★ 他人に期待している人

「何でもいいよ」と答える

POINT 「何でもいいよ」が口ぐせになっている人は、本心では何でもいいと思っていない傾向が多いものです。自分の好みを相手が知ってくれていると思い、期待をしています。

第1章 相手の本音を見破る心理術

嘘をつく

誰しも一度は嘘をついたことがあるはずじゃ。もし嘘をつかれたら、相手が嘘をついた理由を考えてみよう。

★ 嘘をつく理由①

その場逃れをしたいから

POINT 後ろめたい気持ちがあり、その場をしのぎたいときに嘘をつきます。実際にはやっていないことを、「やった」と言うなど、とっさの切り返しで嘘をつきます。

★ 嘘をつく理由②

見栄を張っているから

POINT 自分をよく見せようと見栄を張っていると、人は嘘をつきます。仕事の成果や趣味の実力、恋人がいないのに「いる」と言い張るなど、大人にも子どもにも見られる身近な嘘のつき方です。

★ 嘘をつく理由③

思いやりがあるから

POINT 相手のことを思い、真実を話してしまって相手を傷つけないためにつく嘘です。一見、いい嘘のようにも見えますが、嘘がわかると相手は傷つきますし、何より嘘をついたことで自分自身にストレスがたまります。

★ 嘘をつく理由④

利害関係を気にしているから

POINT 金銭や仕事の出世が関係しているなど、利害関係がある人に対してつく嘘。自分が得をしたり、有利に物事を進めたいときについてしまいます。

★ 嘘をつく理由⑤

罪を隠そうとしているから

POINT 自分のしてしまった悪いことを隠すための嘘です。子どもがイタズラを隠すときがわかりやすい例ですが、大人でも罪隠しの嘘は使われています。

第1章 相手の本音を見破る心理術

★ 嘘をつく理由⑥

経歴を詐称したいから

POINT 自分の経歴を詐称して、有利な待遇を受けたいときにも嘘をつきます。学歴や職歴、仕事での実績が多く、経歴以外にも能力を偽る嘘もこれにあたります。

★ 嘘をつく理由⑦

合理化のため

POINT いわゆる言い訳、口実といわれるような嘘です。交わしていた約束が守れなかったときや、物事に失敗したときに、もっともらしい言い訳をしてしまう嘘です。

★ 嘘をつく理由⑧

勘違いをしているから

POINT 故意ではなくても嘘をついてしまうことがあります。勘違いの嘘は、知識や経験不足から、自分が間違ったことを言ってしまったときの嘘です。これは、結果的な嘘ともいえます。

★ 嘘をつく理由⑨

相手に甘えているから

POINT 相手に対して、自分を理解してもらいたい、味方になってほしい、そんなときにつく嘘です。相手に甘え、依存している間柄のときに見られます。

★ 嘘をつく理由⑩

予防線を張っているから

POINT トラブルを避けるためにつく嘘です。人と交わした約束を守れなくなったときに、何か理由をつけて断る場合につく嘘などがあてはまります。

★ 嘘をつく理由⑪

冗談・からかいのため

POINT 親しい人同士で交わされる冗談です。冗談なので、本当のことではない＝嘘になりますが、笑ってすまされるものが中心になります。

第1章 相手の本音を見破る心理術

身だしなみ

服装の趣味からも本音がわかるのじゃ。服だけでなく、髪型やアクセサリーにも注目してみよう。

★ 束縛したがる人

恋人とお揃いを好む

POINT お揃いの服やアクセサリーを好む人は、縄張り意識が強く、束縛欲求のある人である可能性があります。お揃いのものを他の人に見せることで、自分の縄張り（恋人）を周囲にアピールしているのです。

★ 自信がない人

派手な服を好む

POINT 派手な服を好む人は、自分に自信がなく、他人とのコミュニケーションに苦手意識を持っている傾向があります。見た目の派手さとは裏腹に、コンプレックスを抱えているのかもしれません。

★ 周りに流されやすい人

流行の服ばかり着ている

POINT テレビや雑誌、インターネットで流行っている服が紹介されているとすぐに飛びつく人は、周囲との同調心理が強く働いています。「みんなと一緒がいい」「置いていかれたくない」といった感情ですが、流されやすいだけという可能性も。

★ 見栄っ張りな人

アクセサリーが好き

POINT アクセサリーをたくさん身につけている人は、自分に自信がなく、周囲に見栄を張りたいという気持ちがあります。反対に、少数のアクセサリーをこだわって使う人は、頑固な傾向があります。

★ 自意識過剰な人

帽子が好き

POINT 部屋の中でも被るほど、帽子が好きな人は自意識過剰な傾向があります。自分の個性を大切に思っていて、なおかつ自分をよく見せたいという欲求を強く持っている可能性があります。

第1章 相手の本音を見破る心理術

★ 他人からの注目を求めている人

髪型をよく変える

POINT 髪の色や長さを頻繁に変える人は、他人の目をとても気にする
タイプ。周囲からの注目を集めたがっている傾向も。また、自分
自身の境遇に不満があり、そんな自分を変えたいという思いを
持っていることも特徴のひとつです。

★ 内向的な人

髪で耳を隠す

POINT 髪で意図的に耳を隠している人は、内向的な傾向があります。
１人でいることを好み、周囲との関わりを極力減らしたいと考
えています。

★ 自由人な人

ショルダーバッグを好んで使う

POINT ショルダーバッグは両手が自由に使え、利便性が高いバッグで
す。このバッグを愛用している人は、仕事とプライベートどち
らかに偏ることなく、柔軟な発想ができる自由人が多い傾向が
あります。

好きな色

色はその人の性格もあらわすぞ。身の回りのものや、ついつい選んでしまう服の色などからも、本音がわかるのじゃ。

★ エネルギッシュな人

赤が好き

POINT 赤は積極性や行動力をあらわす色です。この色が好きな人は、エネルギッシュで積極性がある傾向の反面、感情の動きが激しいという特徴もあります。情緒不安定になることも多く、周囲の人は振り回されているかもしれません。

★ 上昇志向が強い人

黄色が好き

POINT 黄色が好きな人は、上昇志向が強いことが特徴です。他にも知的好奇心が強いという一面もあります。新し物好きですが、反面飽きっぽい一面もあります。

★ 穏やかな人

青が好き

POINT 青が好きな人は、穏やかで思慮深い人が多い傾向があります。調和を重んじ、目上の人の意見を尊重します。安定した気持ちを持っているので、集団の中でも重宝される性格といえるでしょう。

★ 感受性が強い人

紫が好き

POINT 紫が好きな人は、感受性が強く、洞察力に優れている傾向があります。高貴なものへの憧れもあり、ひとつひとつの物事を真剣に考える力があります。ただし、少し自信過剰の一面も見えるかもしれません。

★ 明るく、真面目な人

白が好き

POINT 白が好きな人は、明るく、努力を惜しまない真面目な性格を持っている傾向があります。他人に頼らない自立した性格の持ち主で、1人の時間を大切にする一面もあります。

★ 忍耐強い人

グレーが好き

POINT グレーが好きな人は、忍耐強さが特徴です。そのため、人の役に立つ縁の下の力持ちのポジションを買って出ることも。ただし、ときに自己中心的な性格が見え隠れします。

★ 意思が強い人

黒が好き

POINT 黒が好きな人は、感受性が強い傾向があります。強い意思を持っていて、自分の考え方を明確に持っている人が多いのも特徴です。そのため、他人から指示されることを嫌うことも。

★ 快活な人

オレンジが好き

POINT オレンジが好きな人は、快活で人から好かれやすい傾向があります。人間関係は、広く浅い交友を好み、さまざまなコミュニティに顔を出す場合もあります。

第1章 相手の本音を見破る心理術

★ 誠実な人

緑が好き

POINT 緑が好きな人は、寛容で誠実、自分なりの軸を持っていてぶれない特徴があります。ただし、ぶれないとは言い換えると保守的であるとも言えます。また、繊細な性格を持っていますが、おしゃべりな一面も。

★ 穏やかで安定した人

ピンクが好き

POINT ピンクが好きな人は、穏やかで安定した精神を持っている傾向があります。高潔で理想を大切にする一面も。その反面、少し依存心が強い面もあります。

★ 冷静沈着な人

茶色が好き

POINT 茶色が好きな人は、冷静沈着な親分気質が特徴です。頼りになりますが、裏を返せばおせっかいな一面もあります。

冗談が通じない人

冗談を言っても笑ってくれない人には、特徴がある。冗談の受け取り方でも相手の本音がわかるのじゃ。

★ 冗談が通じない理由①

豊かな想像力を持っているから

POINT 想像力が豊かな人は、たとえ冗談であっても、真に受けてしまうことが多いのです。「私、プロ野球選手になったんだ」というようなすぐに冗談だとわかるようなことでも、想像して真に受けてしまいます。

★ 冗談が通じない理由②

他人に興味を持っていないから

POINT 他人に興味を持っていないと、コミュニケーションをただの情報のやり取りだと考えます。そのため、冗談は不必要だと判断して、冗談が通じなくなります。

★ 冗談が通じない理由③

冗談の背景にある知識を
持っていないから

POINT そもそも冗談は、お互いに共通の認識があってはじめて通じる
ものです。外国人や世代の違う人など、持っている知識があま
りにも違う人との会話では、冗談は通じにくくなります。

★ 冗談が通じない理由④

冗談を言える関係だと
思っていないから

POINT 相手に心を許していないと、「相手は冗談を言って笑い合える
関係にある」と思えず、相手の冗談を見過ごしてしまいます。ま
た、「この人は真面目だから冗談は言わない」などと決めつけて
いるときも、冗談が通じません。

★ 冗談が通じない理由⑤

騙されやすい人は
冗談が通じない

POINT 冗談とは、ユーモアのある嘘のことです。嘘を信じやすい人は、
人から騙されやすいという特徴を持っています。決断に時間を
かけたり、人の意見を聞くようにすると、騙されるのを防ぐこ
とができるでしょう。

もっと知りたい「心理法則」

本章で紹介した心理テクニックの裏付けとなる心理法則を紹介していきます。心理法則がわかると、心理術の効果も十分に発揮されます。

アイ・アクセシング・キュー

相手の気持ちを視線から読み取ること。視線は五感の処理をする過程で、連動して変化する部位のため、気持ちを読み取るのに有効。

参照ページ→ P.16

自己親密行動

髪の毛を触る、鼻や口元を触るなど、無意識のうちに心理的安心感を得るために、自分の体に触ってしまう行動。緊張や不安、不満のあわられ。

参照ページ→ P.24

クローズド・ポジション

相手を信頼しておらず、警戒しているときにとることが多い姿勢。目を合わせようとしなかったり、腕組み・脚組みをしたり、相づちを打たなかったりする。

参照ページ→ P.25

ブックエンド効果

本を立てるブックエンドにちなんで、隣り合っている相手のほうに体を向ける姿勢のこと。相手に好意を持っていると、自然とこの姿勢になる。

参照ページ→ P.30

オープン・ポジション

相手を信頼しているときに、自然ととることが多い姿勢。相手と時々目を合わせたり、手のひらを見せたり、腕を広げてジェスチャーを加えたりする。

参照ページ→ P.33

防衛機制

欲求が満たされないときや、それによってストレスを抱えているときに、不快な感情から自分を守るためになされる心理作用。防衛機制にはさまざまな種類がある。

参照ページ→ P.34

開いた質問

イエスかノーで答えることができない質問。「いつ」「どこで」「だれが」「なにを」「どうした」などの質問を指す。答えるのに労力が必要。

参照ページ→ P.41

錯誤行為

人の行動や考え方に影響を及ぼす、自覚されていない意識。言い間違いや聞き間違い、読み間違いも錯誤行為のひとつ。

参照ページ→ P.42

自己開示の返報性

秘密や打ち明け話、悩みごとなどを話し、自らオープンな姿勢を見せることで、相手と深く付き合いたいと考える気持ちのこと。

参照ページ→ P.45

セルフハンディキャッピング

失敗したときに傷つかないように、事前に予防線を張ってしまう心理的防衛システムのこと。自分で自分に言い聞かせることもあれば、周囲に宣言することもある。

参照ページ→ P.51

身体像境界

「身体像」とは、自分の体のイメージ。「身体像境界」とは、自分の体と外界との境界のこと。皮膚や服、アクセサリーにもこの効果がある。

参照ページ→ P.52

第2章

苦手な相手を操る心理術

性格が合わない、よく怒られてしまうなど、苦手な人はどうしてもできてしまうものです。この章では、厳しい上司や生意気な部下など、苦手な人と接するときのポイントを紹介しています。

意見を言う

苦手な相手に意見を言うときこそ、心理術が必要じゃ。相手のペースを乱して自分が有利になるテクニックを知ろう。

★ 反対意見を言うとき

最初に賛成して、次に反対意見を伝える

POINT 反対意見を言うときに、いきなり「反対です」と伝えると相手の反感を買います。まずは相手の意見を肯定して、「しかし、私はこうしたほうがいいと思う」と反対意見を伝えると、意見を受け入れてもらいやすくなります。

★ 相手の怒りを鎮めたいとき①

冷静に指摘する

POINT 相手が怒っているとき、委縮したり怖がったりすると、相手はますます怒ってしまいます。冷静に「迷惑ですから、怒らないでください」「そんな言い方しないでください」などと指摘し、怒りを鎮めましょう。

★ 相手の怒りを鎮めたいとき②

怒っていること自体を指摘する

POINT 怒りの沸点が低く、頻繁に怒っている人には「また怒っていますよ」などと怒っていること自体を指摘し、自覚させます。そうすると、感情をコントロールできるきっかけになります。

★ 相手の怒りを鎮めたいとき③

相手に鏡を見せて、怒っている姿を客観的に見せる

POINT 言葉で相手に怒りを自覚させることも有効ですが、自分の怒っている姿を見せるのも有効です。「顔に髪の毛がついている」など適当な理由をつけて、鏡を見せましょう。

★ ペースを乱したいとき

相手のくせを指摘して、封じさせる

POINT 苦手な相手のペースを崩せると、会話の主導権を奪うことができます。くせを指摘して、相手に自身のくせを意識させることと、相手は思い通りの行動を取れなくなり、ペースを崩すことができます。

第2章　苦手な相手を操る心理術

67

★ 頑固な人に意見を言うとき

頑固な部分を「こだわり」として褒めてあげる

POINT 頑固な人は、そのこだわりゆえに周囲の人に迷惑をかけてしまうことがあります。まずは、頑固さの原因になっている「こだわり」を褒め、相手の懐に飛び込みましょう。信頼関係を築き、徐々にこだわりを捨てさせることがポイントです。

★ 怪しげな話に意見を言うとき

相手の話の疑問点を考えて、自問自答する

POINT 怪しい話を持ちかけられると、自分にとって都合よく解釈してしまい、その話を疑わないということになりがちです。少しでも怪しいと思ったら「どうして自分に話してくれたのか」と自問自答してみましょう。冷静に考えることができます。

★ 自分が優位に立ちたいとき①

難しくて即答できない質問をする

POINT 相手が知らないことや、抽象的で答えにくい質問をすると、会話の主導権を握ることができます。すると、相手を言いなりにすることができ、思うように操ることができます。

★ 自分が優位に立ちたいとき②

相手からされた質問を「あなたなら、どうする？」と聞き返す

POINT 相手から答えにくい質問をされたときは、すぐに答えるのはやめましょう。答えずに「あなただったらどう思いますか？」と逆に質問をすると、相手は答えに詰まり、会話の主導権を奪うことができます。

★ 無理な要求をされたとき

逆質問をして会話の主導権を奪う

POINT 理不尽な主張や恫喝、早口でまくしたてられたりしたとき、どうしても相手の要求を呑んでしまいがちです。例えば「責任を取れ！」と言われたら「責任とはどういう意味ですか？」のように逆に質問をすると、相手のペースを崩せます。

★ 信頼を得たいとき

語尾を聞き取りやすくする

POINT どんなに優れた意見でも、語尾の声が小さければ主張は伝わりません。何かを要求するのであれば「○○してくださ…」のように尻すぼみにさせるのではなく、「○○してください！」と最後まで気を抜かずに話しましょう。

第2章 苦手な相手を操る心理術

69

謝る

謝り方で人の印象はガラッと変わるのじゃ。苦手な相手でも受け入れてくれる謝り方を身につけよう。

★ 態度で誠意を示したい①

謝罪は電話より直接会ったほうがいい

POINT 謝罪をするときは、気が重いかもしれませんが、直接会ったほうがいいでしょう。表情や声色、汗など、言葉以外の情報も相手に伝わり、怒りを鎮める効果が期待できます。

★ 態度で誠意を示したい②

腰から90度曲げたお辞儀で謝る

POINT 誠意というものは、言葉だけでは伝わりにくいものです。謝罪をするときは、90度のお辞儀をしましょう。頭を下げてから、少しの間静止することもポイントです。この姿勢は声も出しづらいので、声色でも反省の意が伝わります。

★ 相手が怒っているとき

グレーの服を着て謝る

POINT 相手を怒らせてしまって謝らなければいけないときには、言動だけでなく服装にも注意しましょう。おすすめはグレーの服。グレーは存在感が際立たなく、相手の気持ちを落ち着かせる効果があります。

★ 叱られているとき

「ありがとうございます」と感謝の言葉を添える

POINT 叱られているときには、謝罪だけでなく感謝の言葉も添えてみましょう。「申し訳ございませんでした。ご指導いただき、ありがとうございます」と言うと、相手もいい気分になり、怒りを治めやすくなるのです。

★ 悪い報告をするとき

真っ先に悪い報告をする

POINT 上司への報告は、真っ先に悪い報告をしましょう。悪い報告は心理的にしづらいものですが、あえて真っ先にすることで、誠実な印象を与えられます。また、悪い報告は早ければ早いほど、対応もできるのでトラブルを最小限にできます。

第2章 苦手な相手を操る心理術

★ 相手の依頼を断りたいとき①

自分の状況を伝えてから断る

POINT 断るときには、「断ることによって相手の気分を害したくない」という心理が働きます。この心理にもそぐう断り方が、自分の状況を伝えるというもの。「今手が離せないから」など、相手の人格を尊重した上で断れば、角が立ちません。

★ 相手の依頼を断りたいとき②

相手の状況に同調しながら断る

POINT 「困っているのはわかるけれど、私も今忙しくて」といったように相手の状況に同調しながら断ると、印象を悪くしないまま上手に断ることができます。

★ 確実に許してもらいたいとき

別室に移動してから謝る

POINT 上司に謝罪をするときには「2人で話したい」と言い、会議室などに移動します。移動の間に上司は不安を感じます。いざ別室で謝罪となったとき、上司が移動中に感じた不安よりも謝罪の内容が軽ければ、簡単に許してもらえるでしょう。

★ クレーム対応するとき

クレーマーには
ひたすら同じ言葉で謝る

POINT クレームには理屈で対応をしてもキリがありません。「申し訳ございません、以後気を付けます」といったお詫びの言葉を何度か繰り返しましょう。やがて相手は根負けして諦めるようになります。

★ 不利な状況をやり過ごすとき

語尾を伸ばす間延び口調で
攻撃をかわす

POINT 不利な状況に追い込まれてしまったときには、語尾を伸ばす間延び口調が有効です。「え〜、おかしいな〜」といったように話すと、追及がフェードアウトしていきます。ただし、緊急の謝罪が必要なときに使える手ではありません。

★ 怒られないようにしたいとき

取り組む前に謝ると
ミスをしても怒られにくい

POINT 相手から頼まれたことに自信がなかったり、スケジュールが厳しかったりするときには「他の仕事もあり、万が一間に合わなかったら申し訳ございません」といったように事前に謝っておけば、たとえミスをしても怒られる可能性が少なくなります。

第2章　苦手な相手を操る心理術

共感する

苦手な相手を動かすには、信頼関係の構築が必要。心理術のテクニックで相手の懐に飛び込むのじゃ。

★ 好意を態度で示したいとき

相手の動作を真似する

POINT　相手の行動をさりげなく真似する「ミラーリング」というテクニックがあります。相手の行動を真似することで「あなたを受け入れている」という意思を伝えるものです。相手の身振り手振りをさりげなく真似してみましょう。

★ 自分のことを嫌っている相手と接するとき

苦手意識を持たないようにして、親切に接する

POINT　「相手から嫌われているな」と思ったときは、何か相手があなたに対して悪い印象を抱いています。まずは、小さな親切を積み重ねて、悪い印象を薄めていくことから始めてみましょう。

★ 信頼されたいとき

相手のことを全面的に肯定してあげる

POINT 自分のことを信頼してほしければ、自分から信頼をする必要があります。わかりやすい信頼の行動は、相手を肯定すること。日ごろから褒めたり、尊敬したりしていればあなたの信頼は相手にも伝わります。

★ チームのモチベーションを上げたいとき

共通の敵を作って、団結する

POINT チームとしての親密度を高めるためには、仮想の敵をつくることが有効。それによって、メンバーが一丸となり、モチベーションを上げることができます。仮想敵としては、売上を競う他のチームやライバル会社などもいいでしょう。

★ 味方になってもらいたい人がいるとき

簡単な作業でもいいから一緒にやってもらう

POINT 人は同じ体験をすると、お互いに親近感を抱きます。もしも、会社内に味方になってほしい人がいるのなら、書類の整理のような簡単な作業でいいので、手伝ってもらいましょう。そうすることで、連帯感が生まれ、味方になってもらえます。

第2章　苦手な相手を操る心理術

お願いごとをする

上司・部下や取引先など苦手な人にお願いごとをしなくてはいけないことも。相手を気持ちよくする頼み方を知るのじゃ。

★ 相手を緊張させたくないとき

相手の右側から近づいて話しかける

POINT 人は左側から近づいてくる人に警戒心を抱きやすいものです。これは心臓の位置が左にあることや、右利きの人が多いからとも言われています。右から近づくことで相手が抱く警戒心をできるだけ軽くできます。

★ 話を聞いてもらいたいとき

理由をつけてからお願いする

POINT お願いごとは理由をつけるだけで聞いてもらいやすくなります。理由は本当の理由でもかまいませんし、「お客さんが急いでいて、◯時までに終わらせなければならない」といったようなもっともらしい理由でも大丈夫です。

★ 自分の依頼を優先してもらいたいとき

優先すべき理由をはっきりと伝えながらお願いする

POINT 仕事ではやるべきことに期限があります。大抵のお願いごとは、元々持っていた仕事の期限に割り込みをする形で依頼することになります。「お客様に出さなくちゃいけないから」「社長が待っている」など優先すべき理由も加えましょう。

★ プライドが高い人にお願いするとき

「教えてください」と下手に出て気持ちよくする

POINT プライドが高い人の多くは、実は人から頼られるのを待っています。「教えてください」「助けてください」と助けを求めると、自尊心を満たすことができ、喜んで協力してくれるでしょう。

★ 取り付く島もないとき

「ちょっとだけ」「3分だけ」で話し始める

POINT 忙しかったり、イライラしたりしていて取り付く島もない人には「3分だけ話をさせてください」などと、短い時間で済むことを伝えます。こうすることで、「少しぐらいなら聞いてもいいか」と思ってもらえます。

第2章 苦手な相手を操る心理術

★ 関係を築いてお願いする

１回の接待よりこまめな連絡を心がける

POINT 仕事で便宜を図ってもらいたい相手には、接待をするより、こまめに連絡をし、相手が得する情報を提供するほうがいいでしょう。１回の接待の効果は長続きしませんが、こまめに情報をもらうと、相手はあなたのことを忘れられなくなります。

★ 相手の気分をよくさせたいとき

特別扱いをしてお願いする

POINT 「○○さんは特別なお客様なので、今契約していただければ20％割引させていただきます」といったように相手を特別扱いすると、気分よく財布のヒモを緩めさせることができます。

★ 優越感をくすぐりたいとき

「私を男にしてください」でお願いする

POINT 選挙演説でまれに見られる「私を男にしてください」というセリフ。これは苦手な相手への頼みごとでも有効です。あえて泥臭くお願いすることで、相手の優越感をくすぐり、結果として助けてもらえる可能性が高まるのです。

指導する

部下や後輩を指導するときには、相手の性格に合わせた指導を心がけると、思いのままに動かすことができるのじゃ。

★ 部下を注意するとき

金曜日の帰宅直前に注意する

POINT 部下を注意するには、金曜日の帰宅直前が一番いいでしょう。週末の間に部下も冷静に反省することができるので、翌週からスムーズに仕事ができます。反対に、月曜日の午前はもっとも避けるべき時間です。

★ 自分勝手な部下を指導するとき

その人のせいで被害を受ける人の気持ちを想像させる

POINT 自分勝手でわがままな行動を取る人には、反対の立場の人の気持ちを想像させると効果的です。仮にその人の行動で迷惑を被った人がいれば「○○さんはどんな思いをしていたと思う？」といった具合に問いかけて想像させてみましょう。

★ 女性上司が男性部下を指導するとき

男尊女卑を認めて、男心を くすぐるセリフを投げかける

POINT 男性の中には、男尊女卑の精神を持っていて、女性が上司になると反発心を覚える人もいるようです。女性上司からすれば、その気持ちを逆に利用して「頼もしい」「さすが」などと持ち上げると、男性部下も快く動いてくれるようになります。

★ 反省しない部下を指導するとき

口頭で注意するだけでなく、 レポートも書かせる

POINT 口頭で注意しても何度も同じミスを繰り返す部下がいるとします。そんな人を何度か注意したら、反省のレポートを課しましょう。すると、相手も事の重大さに気づき、行動を改めるきっかけになります。

★ 気が弱い部下を指導するとき

部下に「期待している」と伝える

POINT 気が弱い部下は「がんばれ！」と応援しても、逆効果になります。それよりも「最近調子いいね」「いつもがんばっているね」などの期待を込めた言葉を贈りましょう。

★ ホウレンソウをしない部下を指導するとき

上司から部下に教えを請う

POINT 成績がいい部下ほど、上司へのホウレンソウを怠りがちという傾向があります。「A社の案件、難しい条件だったけど、どうやってまとめたのか教えてくれる？」といったように上司から教えを請うと、部下にホウレンソウをさせることができます。

★ 内心では反発している部下を指導するとき

1回だけ時間をとって しっかりと怒る

POINT 仕事ができる部下ほど、内心では上司や仕事を軽く見ている傾向があります。そんな部下には、一度時間を取って、仕事に手を抜いた証拠を突きつけて厳しく怒りましょう。すると、態度を改めることがあります。

★ プライドが高い部下を指導するとき

得意だと思っていることを 褒めてあげる

POINT プライドが高く、扱いづらい部下は、本人が得意だと思っていることを積極的に頼みましょう。「予算管理、得意だよね？」「こないだの資料見やすかったから今回もやって」などと面倒な仕事をどんどん任せられるようになります。

第2章 苦手な相手を操る心理術

避ける

苦手な相手は動かすだけでなく、時には避けるのも有効じゃ。相手にいい印象を与えながら立ち去ろう。

★ 長話をされて困ったとき

話を要約して会話を終わらせる

POINT 長話に巻き込まれたとき、丁寧に付き合ってしまうと自分の貴重な時間がなくなってしまいます。「〇〇ということですね」と相手の話を要約し、強引にでも会話を終わらせてしまいましょう。

★ 馬鹿にされているとき

突然沈黙して、空気を変える

POINT 心ない言葉をかけてくる相手の場合は、突然黙り込んでみましょう。相手も突然の沈黙には、気まずくなり、態度を変えることでしょう。沈黙は言葉以上に有効な手段なのです。

★ 口の悪い人と話すとき①

相手の言葉を繰り返して、口の悪さを自覚させる

POINT 悪口や下品な言葉遣いをする人には、相手の言葉を繰り返すオウム返しが有効です。たとえば「あいつバカだよな」と言われたら「バカって本当？」といったようにオウム返しすると、自分が言ってしまった悪口に気づいてもらえます。

★ 口の悪い人と話すとき②

自分の話を始めて、話の主導権を奪う

POINT 口が悪い人の中には、黙って話を聞いていると悪口を言い続ける人もいます。そんな相手には、自分の話をしてみましょう。相手も目の前にいる人の悪口を言うわけにはいかないので、ペースを崩すことができます。

★ 口の悪い人と話すとき③

気持ちがこもっていない相づちで答える

POINT 面と向かってあなたに暴言を言ってくる人には、適当な相づちが有効です。「そうですか」「別に」などと気のない返事をすれば、相手も張り合いがなくなり、自然と暴言をやめてくれるかもしれません。

第2章 苦手な相手を操る心理術

★ 必要以上に怒ってくる人を避けるとき

おおげさに怖がって、相手が驚く一言を言う

POINT 怒鳴られたり、必要以上に怒られたりしたときに、慌てたり悲しい表情をしたりするのは逆効果です。相手はさらに怒って満足してしまいます。必要以上に怖がり、上司や警察など権力がある人に言いつけると言えば、相手の態度は軟化するでしょう。

★ 酔って絡んでくる人を避けるとき

すぐに席から立って距離をとる

POINT 酒に酔って絡んでくる人は、真剣に取り合わないで、すぐに席を立って逃げましょう。引き留められたとしても振り切ったほうがいいのです。それだけすれば、相手も諦めて絡むのをやめます。

★ 嫌味を言う人を避けるとき

黙ったままニッコリと笑う

POINT 嫌味を言ってくる相手は、無意識にあなたの反応を楽しみにしていることがあります。嫌味を言われたら、黙ったままニッコリと笑ってみましょう。予想を裏切られた相手は、ペースを崩されるでしょう。

★ 距離をとりたいとき

相手と自分の間に
携帯電話を置いておく

POINT 苦手な人と対面や隣り合って話しているときには、2人の間に携帯電話を置いてみましょう。置かれた携帯電話が心理的な壁になって、会話が減り、心の距離を開けることができます。

★ 勝手な助言をされたとき

自分勝手な助言をされたら
真に受けずにスルーする

POINT 善意も感じられない自分勝手な助言をされたら、真に受けずにスルーしてしまいましょう。反対に、こちらから助言を求めていたのだとしたら、たとえ理想の助言でなかったとしても、前向きに言われた通りに行動してみましょう。

★ トラブルを回避したいとき

相手が不機嫌なときには
近寄らない

POINT 不機嫌な相手に近づいても、いいことはありません。どうしても話しかけなくてはいけないときには「3分で済みます」などと言って、用件が終わったらすぐに去りましょう。逆に上機嫌な相手に話しかければ、好意的に評価してもらえます。

第2章 苦手な相手を操る心理術

断る

きっぱりと断る方法も覚えよう。断り上手になると、苦手な相手でも対等に向き合えるようになるのじゃ。

★ 理不尽な選択を迫られたとき①

比べられない2択をされたら両方選ぶ

POINT 「仕事と家庭どちらが大切か」といったようなそもそも比べられない2択を迫られたら、どちらかにしぼらず「どちらも大事」と両方選びましょう。誤った2択はそもそも選ぶ必要がないのです。

★ 理不尽な選択を迫られたとき②

確認できないことを迫られたら前提を覆す

POINT 「勉強しないといい会社に入れないぞ」といったように、必ずしもそうとは限らないことを言われたら、「勉強以外にもいい会社に行く方法」を示したり「なぜいい会社に行かなくてはならないのか」と前提そのものを疑ってみましょう。

★ 理不尽な選択を迫られたとき③

間違った2択には、誤りを指摘する

POINT 「昔はお腹いっぱい食べられなかったんだから、ちゃんと残さず食べなさい」のように、昔と今を比べる必要のない間違った2択には、間違い自体を指摘しましょう。すると、2択に意味がなくなり、対応する必要がなくなります。

★ 一度受け入れてから断る

「だからこそ」を使って断る

POINT 断りたいことをお願いされたら「お気持ちはうれしいです。でも、だからこそ今回のお話はお断りさせてください。そんな大役務まりません」と「だからこそ」で切り返しましょう。

★ 自信を見せたいとき

「無理です」「できません」ときっぱり断る

POINT 相手の要求はなんでも聞かなくてはいけないわけではありません。時には「無理です」と断ることで「断るってことは、人気があるのか」などと、関心を持ってもらうことができます。話の主導権を奪うこともできるのです。

第2章　苦手な相手を操る心理術

もっと知りたい「心理法則」

本章で紹介した心理テクニックの裏付けとなる心理法則を紹介していきます。心理法則がわかると、心理術の効果も十分に発揮されます。

イエスバット法

一度相手の意見に賛成し、その後で反論をする心理テクニック。一度相手の意見を受け入れるため、単純に反論をするよりも受け入れてもらえやすくなる。

参照ページ→ P.66

反同調行動

相手の言動や感情、態度に同調せず、違う行動をとること。「ディスペーシング」とも。怒っている相手には、毅然とした態度で臨むと、怒りを鎮められることも。

参照ページ→ P.66

認知バイアス

起こった出来事に対して、自分自身に都合がいいように解釈をしてしまうことで、論理的な評価や思考が曲げられてしまう現象のこと。

参照ページ→ P.68

ミラーリング

相手の動作を意識的に真似して、親近感を与えること。相手への尊敬や経緯を表現できる。相手に気づかれないように自然な動きとタイミングがポイント。

参照ページ→ P.74

同調行動

相手の言動や感情、態度に同調する行動。「ペーシング」とも。相手に同調するため、相手の気分をよくする効果が期待できる。

参照ページ→ P.74

カチッサー効果

お願いごとをする際に、理由を添えると引き受けてもらえる可能性が高くなる効果。まったく意味がないような理由でも効果がある。

参照ページ→ P.76

フット・イン・ザ・ドア・テクニック

小さなお願いごとをして、徐々に本命のお願いごとに近づけていくテクニック。相手の「イエス」を積み重ねていくと、相手の気持ちを誘導することができる。

参照ページ→ P.77

ゲインロス効果

印象が悪く、評価が低かった相手に対して、少しのきっかけで評価が高くなること。最初の第一印象が悪くても、それを覆せる可能性がある。

参照ページ→ P.78

クーリッジ効果

集団の中に女性が新しく加わることで、元々いた男性が活気づけられる心理作用のこと。女性から男性への男心を奮い立たせる言葉にも効果がある。

参照ページ→ P.80

ピグマリオン効果

期待をかけ、フォローを続ければ、やがて実を結ぶこと。キプロス島の王・ピグマリオンが乙女像に願ったことで、乙女像が人間になったというギリシャ神話にちなむ。

参照ページ→ P.80

ホーソン効果

周囲からの関心、注目が注がれることで、より成果を上げようとする傾向のこと。生産性向上に効果がある。

参照ページ→ P.80

アンダーマイニング効果

好きでやっていたことに対して、他人が報酬を与えるようになると、かえって意欲がなくなってしまうこと。

参照ページ→ P.81

エンハンシング効果

アンダーマイニング効果とは逆の理論。好きでやっていることに対して、他人が言葉による称賛をすることで、本人のモチベーションも上がること。

参照ページ→ P.81

偽りのジレンマ

理不尽な2択のこと。そもそも比べられない2択や、前提が間違えている2択、別の選択肢があるはずの2択、まったく因果関係のない2択などがある。

参照ページ→ P.86

第3章

相手を思いのままに操る心理術

他人は伝え方を少し変えるだけで、思い通りに動いてくれます。この章では、説得やお願いをするときに、相手が思い通りに動いてくれるようになるテクニックを紹介しています。

説得する

家族、友人、仕事、どんな人付き合いでも説得が必要な場面はあるものじゃ。快く動いてもらえる説得方法を知ろう。

★ 場の空気をよくしたいとき

本題に入る前の雑談で成功が決まる

POINT 商談で重要なのは、いかに上手に製品やサービスの説明ができるか。そう思われがちですが、本当に大切なのは商談の本題に入る前の雑談です。とはいっても深く考えずに、笑顔で天気や時事ネタなどの軽い話で打ち解ければ問題ありません。

★ 自社で交渉するとき

ホームで交渉するときは、ギリギリまで準備する

POINT 取引先の人が会社まで来てくれるなど、ホームで交渉するときは、精神的に優位に立てます。なるべくホームで交渉できるように仕向け、ホームで交渉できることになったら、約束の時間ギリギリまで綿密に準備をしましょう。

★ 自社以外で交渉するとき

アウェイで交渉するときは、徹底的に下調べをする

POINT 相手の会社や家など、アウェイで交渉するときは、心理的に不利な立場になります。遅刻や忘れ物などさまざまな心配ごとが降りかかってきます。それだけに徹底的に下調べをすることで、自信を取り戻しましょう。

★ 安心感を与えたいとき

多くの人が使ってることを数字を使ってアピールする

POINT 代表的な説得に使える数字として、人数があります。「100社が導入」「100万ダウンロード」など、背後に多くの人がいるということをアピールすることで、横並びで周囲の空気を読む日本人は説得されやすくなります。

★ 説得力を増したいとき①

「3倍」「5,000円分の無駄がなくなる」など、数字を使う

POINT 説得するときには、相手に明確なイメージを持ってもらうことが重要です。その際、数字は武器になります。「3倍節約ができる」などと言うと、現状からどのように変わるのかがイメージでき、説得力が劇的にアップします。

第3章　相手を思いのままに操る心理術

★ 説得力を増したいとき②

実際の商品やモデルを見せて説得する

POINT 商品を売り込むときは、データを見せたり口頭で説明をしたりするよりも、実物を見せて手に取ってもらうことが有効です。まだ商品ができていない場合でも、簡単なモデルを見てもらうだけで相手はイメージしやすくなり、説得されやすくなります。

★ 難しい要求を聞いてもらうとき①

大きい要求をしてから本命の小さい要求をする

POINT 要求を通したいときは、あえて一度相手に断らせましょう。一度断ってしまったという罪悪感を感じてもらい、そのあとに別の要求をすると、すんなりと要求を聞いてもらえることがあります。

★ 難しい要求を聞いてもらうとき②

プラスの側面を強調する

POINT 相手にとってメリットを感じやすいポジティブな言い方で伝えると、要求を受け入れてもらいやすくなります。「20％の確率で失敗する」と言われるより「80％の確率で成功する」と聞いたほうが、前向きに受け取ってもらえるようになります。

★ 難しい要求を聞いてもらうとき③

有名人や専門家の名前を出す

POINT あなたの話を聞いてくれない人でも「○○先生がテレビで言ってたんだけど」「これあのモデルも食べていて」と権威ある有名人や専門家の名前を使えば、聞いてもらえる可能性が高まります。

★ 難しい要求を聞いてもらうとき④

「他の人も」「みんな」を頭につけてから要求を言う

POINT 「みんなやっています」「他の人も協力しています」など、他人の行動を語って説得すると、相手は断りにくくなります。これは、他人の行動を見て自分の行動を決めたいという心理が働いているからです。

★ 意見が違う相手を説得するとき

「○○でしょ？」と問いかけて誘導する

POINT 違う意見を持っている相手を説得するときには「Aのほうがいいでしょ？」といったように誘導すると、反対意見を考える時間がなくなり、賛成してもらいやすくなります。人の心理は決めつけられると弱い一面があります。

第3章　相手を思いのままに操る心理術

★ 相手の反論を封じたいとき

「ご承知のことと思いますが」で反論を封じる

POINT 「ご承知のことと思いますが」「ご存じの通り」など、すでに了承を得ているという前提で話をすると、相手は反論をしづらくなります。これによって、反論を封じながら要求を聞いてもらうことができます。

★ お得をアピールしたいとき

商品やサービスにおまけをつけてお得感を出す

POINT テレビショッピングや実演販売で頻繁に使われるテクニックです。ある商品を売りたいときに、他のおまけをつけると「お得」を演出できます。おまけは最後に紹介すると、最も効果があらわれやすくなります。

★ デメリットもあるとき

メリットとデメリットを両面提示する

POINT デメリットを伝えてしまうと、警戒されてしまうのではないかと思われますが、これは誤解です。人はメリットとデメリットの両面を提示してもらうと、信頼を感じ、説得されやすくなります。

★ 相手が興味を持っているとき

結論を最後に話す

POINT 相手がすでにこちらの話に興味を持っていることがわかっているときには、話の結論を最後にします。順序だててわかりやすく説明ができるので、説明も簡単で、話が苦手な人でも説得しやすくなります。

★ 相手が興味を持っていないとき

結論から話す

POINT 初対面の相手や、最初から話に興味を持っていないことがわかっている相手には、結論から話しましょう。仮に最後まで聞いてもらえなかったとしても、話の要点は伝わります。ただし、結論に興味を持ってもらえなければ、失敗に終わります。

★ 他人のモチベーションを上げたいとき

第三者を間に挟んで褒める

POINT 直接褒めると、お世辞や駆け引きを疑われがちです。そんなときは、間に第三者を挟み、第三者から「部長があなたの仕事ぶりを褒めていたよ」などと言ってもらうようにしましょう。そのほうが信ぴょう性が高くなります。

第3章　相手を思いのままに操る心理術

★ 好印象なものを利用する

後光効果を利用して説得する

POINT プラスのイメージのものを引き合いに出しながら説得すると、説得はスムーズに進みます。たとえば「この商品は大ヒット商品を手掛けたチームが作りました」と言うと、過去の成功と目の前の商品が結びついて、購入につながりやすくなります。

★ 上司にアピールするとき

上司の言動、身だしなみを真似する

POINT 上司の話し方やしぐさ、ファッションなどを真似すると、出世しやすくなると言われています。これは自分に似た人を好きになる心理を利用しているからです。上司から見ると、「自分に似たかわいい部下」と好意的に見られるのです。

★ 大人数を説得するとき

目線をZを描くように動かす

POINT 大人数の前で話すときには、聴衆の端から端へ「Z」を描くように目線を動かしながら語りかけましょう。そうすることで、1人1人に丁寧に語りかけている印象を与えることができるのです。

依頼をする

性格やその時々のシチュエーションに合わせたテクニックを使うと、どんな依頼も聞いてもらいやすくなるのじゃ。

★ 好印象を与えながら依頼したいとき

落ち込まない程度に相手をけなして最後に褒める

POINT 他人に好かれたいと思ったら、褒めてばかりではいけません。ほどほどにけなしてから、褒めるようにすると、ただ褒めるよりも相手にとっては喜びが増します。だからといって、けなしすぎてしまうと嫌われてしまいます。

★ 断られにくい頼み方

理由を最初に言ってからお願いする

POINT 頼みごとには最初に理由を添えましょう。「明日までに必要だから」「今急いでいるから」「1週間後に必要だから」など理由をつけると、相手も断りにくくなります。

第3章 相手を思いのままに操る心理術

★ 情に訴えたいとき

相手に「かわいそう」と思わせてから依頼する

POINT ただ頼んだだけでは聞いてくれない相手でも、一度同情させるとお願いを聞いてくれることがあります。たとえば「財布を落とした」「怪我をした」などの不幸な出来事を話すと、相手は助けてあげたいと思い、援助してくれるようになります。

★ 悪い条件の依頼をするとき

相手を驚かせることを言って、依頼する

POINT 人は驚くと、交感神経が刺激され、冷静な判断ができなくなります。「君は今の部署から営業部に異動だよ」など相手が驚くことを伝え、それに動揺したら「異動じゃなくて転勤でもいい」などと本当のことを伝えると簡単にイエスを引き出せます。

★ 優柔不断な人に依頼をするとき

安心させてから依頼する

POINT 優柔不断な人は自分の選択が間違いに終わることを危惧しているものです。だから「これで大丈夫です」「うまくいきます」などと伝えると、決心がつき、決断を下せるようになります。

★ 断りにくくさせたいとき①

もっともらしいことを言って、依頼する

POINT 相手が断りにくい依頼の方法として「大義名分」を利用する方法があります。たとえば部下に頼みづらいことを言うときに「会社のためにやってくれ」といったように、もっともらしく言うことで断りにくくなります。

★ 断りにくくさせたいとき②

食事をしながら依頼すると断られにくい

POINT デートや仕事の接待など、親しくなりたい人と食事をするのは、一般的なことです。これも人の心理を利用したテクニックです。食事をしているときは否定的な考え方になりにくいので、交渉は食事とセットにするといいのです。

★ 相手を乗り気にさせたいとき

楽しい未来を想像させてから依頼する

POINT 商品を売るときには、できるだけ相手に楽しい未来を想像してもらいましょう。たとえば掃除用品を売るのであれば、「1日15分家事の時間が短くなって、趣味に使えます」など具体的にイメージさせることで買ってもらいやすくなります。

第3章　相手を思いのままに操る心理術

103

★ 意思が弱い人に依頼をするとき①

賛成意見を聞かせながら 依頼する

POINT 人には、他の人と違うことを恐れる心理があります。それを利用して「田中さんも賛成してくれたんだけど」など他の人の賛成意見を伝えながらお願いすると、相手のイエスを引き出しやすくなります。

★ 意思が弱い人に依頼をするとき②

相手の不安を煽って依頼する

POINT 不安を煽ると、人は動きやすくなります。たとえば、「このままだと病気になる」「部署異動になる」など、現状の行動を変えさせるには有効な手法です。

★ 定番フレーズを使って依頼をする①

「もし〜ならば」と仮定して 依頼する

POINT 「もし〜ならば」と仮の選択肢を与えると、誘導がしやすくなります。「もし買っていただけたら、年間○万円の節約になります」といったように仮定の話で想像を掻き立てると、話に興味を持ってもらいやすくなります。

★ 定番フレーズを使って依頼をする②

「ナンバーワン」と言って、丸め込む

POINT 「ナンバーワン」という言葉には力があります。飲食店で人気ナンバーワンメニューを思わず注文した経験が誰しもあるでしょう。頼みごとをするときにも「○○ナンバーワンの君に頼みたい」などと言われれば断りにくくなります。

★ 定番フレーズを使って依頼をする③

相談を装って「なんとかなりませんか」と依頼する

POINT 「この仕事を１週間でやってください」と言うより「１週間でなんとかなりませんか」と相談の体裁を装って依頼すると、相手の承認欲求を満たし、スムーズにお願いごとを聞いてもらえることがあります。

★ 定番フレーズを使って依頼をする④

「ここだけの話だけど」と秘密を共有する

POINT 「ここだけの話」と秘密を共有すると、相手はその気持ちに応えたくなります。これを利用して「ここだけの話、この値段でよければ即日契約できます」などと言えば、相手も応じやすくなるのです。

第3章 相手を思いのままに操る心理術

105

★ 定番フレーズを使って依頼をする⑤

「だからこそ」は断られにくい

POINT 「だからこそ」は依頼するときにも、断るときにも使いやすい万能のフレーズです。依頼する場合「あなただからこそお願いしたい」といったように使います。自分が評価されていることがわかり、断りにくくなるのです。

★ 定番フレーズを使って依頼をする⑥

「助けてください」と下手に出て依頼する

POINT プライドが高い人は、気難しいイメージがありますが、実は手玉に取りやすい人でもあります。「助けてください」と下手に出ることで、優越感を味わわせ、あなたの思うように動いてもらうことができるのです。

★ 生意気な人に依頼をするとき

反発心を煽って依頼する

POINT 頼みごとをするときに、あえて「無理」という言葉を使ってみましょう。プライドが高い人に「いくら君でも１日でこの資料を作るのは無理だよね？」のように言うことで、反発心を煽り、行動に移してもらうことができます。

★ 目上の人に依頼をするとき

一度簡単なお願いを聞いてもらい、そのあとに本命のお願いをする

POINT 人は小さな頼まれごとをつい聞いてしまうものです。また、一度お願いを聞いたら、その後もお願いを聞くという行動を続けたくなります。「飲み物買って」「お金貸して」など一度小さな要求が通ったら、別の要求もしてみましょう。

★ 同僚に依頼をするとき

簡単なお願いを何回か聞いてもらい、大変なお願いをする

POINT 要求が複雑だったり、相手が面倒に感じそうなものの場合、何度か要求を重ねましょう。その際のポイントが、小さなものから順に要求すること。そうすることで、だんだんと相手は断りづらくなります。

★ 部下に依頼をするとき①

突然大きなお願いごとをして反射的にやらせる

POINT 頼みごとは、面倒なことであればあるほど、考える時間があると断られやすくなります。そのため、突然不意打ちでお願いをして、相手をひるませると、相手はついつい承諾してしまいます。

第3章　相手を思いのままに操る心理術

★ 部下に依頼をするとき②

後ろから見下ろすように話す

POINT 相手より目線を上にして、威圧的に話しかけると、上下関係がはっきりとし、自分の権威を誇示することができます。そうすることで、部下は頼まれごとを断りにくくなり、素直に言うことを聞いてくれるようになります。

★ 部下に依頼をするとき③

「みんなも同じことをしている」と言って頼む

POINT 「みんなやっているから、これもやってね」と言いながら頼むと、部下からは断られにくくなります。自分1人だけ別の行動を取る意志を保つのはなかなか難しいものです。他人の行動を示すことで、それに影響されて動くことになります。

★ 手土産を利用して依頼をするとき

手土産を渡してから4分以内に本題を切り出す

POINT 手土産を渡してからすぐに本題に入ると「あからさまかも」と思うかもしれません。しかし、遠慮する必要はありません。心理実験によれば、贈り物を渡したあとに何か頼みごとをする場合、4分以内が一番効果が出やすいことがわかっています。

★ 相手がやりたくなる依頼

最初に気遣いの言葉を伝える

POINT 気遣いに依頼を添えると、断られにくくなります。たとえば残業を頼むなら「お疲れ様。大変だったね。もう終わってもいいけど、少し手伝ってもらえる？」と頼むと、気遣いに対して報いるために、相手は残業をしたくなります。

★ 難しい依頼をするとき

難しい依頼は即答させず、考えてもらう

POINT 即答しづらい依頼は「答えはあとでいいから、考えておいて」と伝え、一度寝かせます。そうすることで、「引き受けてもいい」という気持ちになるのです。寝かせる期間は、1〜4週間がいいと言われています。

★ ダメ押しの一言を加える

「仕事抜きで会いたい」と伝える

POINT 取引先に何かを依頼するときには、最後に「今日はありがとうございました。今度は仕事抜きに会いたいです」と伝えるのが有効です。仕事以外の時間も自分のために使いたがっているという信頼感を感じてもらうことができます。

第3章 相手を思いのままに操る心理術

109

誘導する

相手を思うままに動かすには、誘導のテクニックが最適。うまく気分を乗せて、気持ちよく誘導するのじゃ。

★ 相手の期待を操りたいとき

「もう終わりました」と一度断って相手を惹きつける

POINT 相手の満足度を上げるには、一度「もう終わりました」と断るのが有効です。断られたことで相手は強い興味を持ちます。そこで「ひとつだけ在庫がありました」といったように差し出すと、相手は高い満足度を持って買う傾向があります。

★ 先入観を刷り込んで誘導したいとき

条件が悪いものと比較をさせて丸め込む

POINT 上から順にA・B・Cと三段階のコース料理がある場合、Bが一番選ばれます。これは、Aでは高いけれど、Cは安すぎるという比較によって決まるものです。相手のイエスをもらいたければ、条件の悪いものも混ぜておきましょう。

★ 優柔不断な人を誘導したいとき①

２つの選択肢の中から選ばせる

POINT 優柔不断な人は、選択肢が多いことが選べない原因になっていることが多々あります。「ＡとＢどちらがいいですか？」といったようにあらかじめ選択肢を２択にしぼって聞くと、どちらかをスムーズに選んでもらえます。

★ 優柔不断な人を誘導したいとき②

相手より先に決めて、決断を伝える

POINT 失敗を恐れる人も優柔不断に陥ります。その際は、自分が先に決めてしまいましょう。「私はＡにするけど、あなたはどうする？」と聞くと、失敗したとしてもその人のせいにはならないため、選ぶための心理的なハードルが低くなります。

★ 決断を誘導したいとき①

相手の話を注意深く聞き続けて、相手に選ばせる

POINT 相手の話をじっくりと聞く「傾聴」も決断を迫る際に有効な手法です。じっくりと話を聞くことで、相手自身に気持ちを整理させ、あなたが何も言わなくても勝手に決断を下すようになります。

第３章　相手を思いのままに操る心理術

★ 決断を誘導したいとき②

雑音がする場所で交渉する

POINT 人は雑音がする場所では、集中して物事を考えることができません。ジャズバーのような音楽が大きな音量でかかっている店や、電車内など、雑音がする場所で交渉すると、拒絶されにくいでしょう。

★ 買い物の心理①

後出しで高額な選択肢を見せる

POINT 同じ程度の価格帯の商品AとBを売りたいとき、あとからより高い価格のCを紹介すると、AやBが安く感じられ、買ってもらえる可能性が高くなります。選択肢は出す順番で受け取り方が変わるのです。

★ 買い物の心理②

少し高い「プレミアム」が
売れやすい

POINT 似たような商品があったとき、「プレミアム」や「スペシャル」といった言葉が商品名についた少し高い商品が売れやすくなります。これは「価格が高い＝信頼でき、買ったときの満足度が高だろう」という心理が原因です。

★ 買い物の心理③

後払いで購買意欲を刺激する

POINT クレジットカード払いなど、手持ちのお金がなくてもあとから払える選択肢を提示すると、購入の心理的なハードルが下がります。人は現在のお金より未来のお金を軽視する傾向があるためです。

★ 買い物の心理④

あと少しで特典があることを強調する

POINT 「あと250円で送料無料」といったように少しの差でお得な思いを味わえるとわかると、日ごろは財布のひもが固い人でも、ついで買いを期待できます。

★ 買い物の心理⑤

希少性をアピールする

POINT 「100個限定販売」や「お客様の5%のみにお知らせ」など、他の人は知らないという希少性をアピールすることも購買意欲に関わります。持っているものが他の人と被らないという優越感も購買意欲の刺激に一役買います。

第3章 ▼ 相手を思いのままに操る心理術

★ 買い物の心理⑥

権威ある人のコメントで
アピールする

POINT 新聞やテレビの報道でもその道の専門家にコメントを求めることが日常的に行われています。「ハーバード大学教授推薦！」のように権威ある人からのコメントがあると、商品に対する信頼感が高まります。

★ 怒りっぽい人と交渉するとき

食事をしながら交渉する

POINT 人は空腹が満たされると冷静になります。これは怒りっぽい人との交渉にも有効な手法です。また、相手に食事を勧められないとしても自分は何かを食べておいたほうがいいでしょう。それによって、衝突を避けられるようになります。

★ また会いたいと思わせたいとき

盛り上がったところで帰る

POINT 別れ際の会話で「また会いたい」と思ってもらえるかどうかが決まります。会話が盛り上がり、少しずつ落ち着き始めそうなときが別れる絶好のタイミングです。余韻を残して帰ることで、評価も高まります。

★ マイナスをプラスに変えたいとき①

不便なことを逆手に取る

POINT たとえば、あなたが不便な田舎の土地を売る仕事をしているとしましょう。「交通の便が悪い田舎です」というよりも、その不便さを逆手に取って「自然に囲まれた豊かな土地」といえば、お客さんの心も動くでしょう。

★ マイナスをプラスに変えたいとき②

未来に希望を持たせる

POINT 相手に希望溢れる未来を想像させると、うまく誘導することができます。田舎の土地を売るときには「10年、20年後にはたくさんの人が移り住んできて、便利になります。今の価格では到底買えなくなりますよ」といったように刷り込むのです。

★ 思わずイエスと言わせたいとき

2人かがりでボケ・ツッコミに分かれて誘導する

POINT 2人組で役割分担をすると、交渉がうまくいくことがあります。たとえば、強気のツッコミ役(部下)を穏やかなボケ役(上司)がなだめるという構図で挑めば、相手は勢いに翻弄されて誘導されるかもしれません。

第3章 相手を思いのままに操る心理術

★ 相手の譲歩を誘導したいとき

「いい線いっていますね」で誘導する

POINT 相手からの依頼に不満があるときは「いい線いっていますね」と返答しましょう。すると、相手は「いい線ということは、もうひと押しだな」と思い、最初に提示してきた依頼内容より、条件を譲歩してくれる可能性があります。

★ 相手を洗脳したいとき

シンプルなキャッチフレーズを使う

POINT 人は理屈よりも単純でわかりやすいキャッチフレーズに心を動かされるものです。アメリカの歴代大統領も「Yes we can」や「Make America Great Again」といった明快なフレーズで人々を惹きつけてきました。

★ 約束を取り付けたいとき

具体的な言葉で誘導する

POINT たとえば食事に誘うときに「いつか食事でも行きませんか」のように「いつか」「食事でも」といった曖昧な言葉を使うと、相手は応じてくれません。「来週食事に行きましょう」のように具体的に言うと、誘導しやすくなります。

指導する

部下や後輩をやる気にさせたり、叱ったりするのも上司の役目。そんなときにも心理術が役に立つのじゃ。

★ 部下をやる気にさせたいとき①

「期待しているよ」と褒める

POINT　成績が思うように振るわない部下は、叱ってもあまり効果はありません。それよりは、「あなたに期待している」という気持ちを伝えると、期待に応えようとやる気を出します。期待を込めて褒めてみるようにしましょう。

★ 部下をやる気にさせたいとき②

優しい頼み方を覚える

POINT　乱暴な命令口調で仕事を頼んでしまうと、部下はやる気になるどころか逆効果になってしまいます。「この書類、コピーしてもらえる？」といったように優しく言うことで、相手も気持ちよく応じてくれるようになります。

★ 部下をやる気にさせたいとき③

自分の失敗を教えて親近感を抱かせる

POINT 部下との信頼関係を築きたいなら、失敗談がおすすめです。「私も昔こんな失敗をして」といったように失敗談を話すと、部下が親近感を持ってくれ、あなたのためにがんばろうという気持ちを持ってくれる可能性があります。

★ 部下をやる気にさせたいとき④

放任主義で適度に見守る

POINT 人は他人から見られていると、ストレスを感じます。これは上司と部下の関係でも同じ。部下には適度に自由を与え、のびのびと仕事をさせると生産性が上がることがあります。

★ 部下をやる気にさせたいとき⑤

あえて「禁止事項」を作る

POINT 人は「やってはいけない」と言われると、その命令に反した行動を取りたくなります。これを利用して、部下にあえて禁止事項を作ります。「この仕事はまだ任せられない」と言うと、任せられるレベルまでがんばろうとやる気にすることができます。

★ 部下に助言をしたいとき

必要最小限の回数だけ助言する

POINT 助言は必要最小限にとどめましょう。1日に何度も助言をすると、煩わしく思われてしまい、効果を発揮しません。困っているときやわからないことがあるときなど、必要最低限の助言であれば、効率も上がります。

★ 叱るタイミング①

叱るときは、時間を置かずにすぐに叱る

POINT 叱るときには、なるべく早く叱るようにしましょう。時間が空いてしまうと「なんで反省したのに、今更怒られるの?」と思い、信頼関係にヒビが入りかねません。こうした不満はあとに尾を引くことも。

★ 叱るタイミング②

他の人がいる前では叱らない

POINT 叱るときは、1対1が原則。他の人がいる前で叱ると、本人はプライドが傷つけられてしまいます。ただし、注意程度であれば、他の人の前ですることで、周りの人も気が引き締まるということもあります。

第3章 相手を思いのままに操る心理術

★ 効果的に叱りたいとき

短時間で叱る

POINT 叱る時間はできるだけ短くします。時間が長くなると、叱られている内容よりも時間に気を取られてしまい、「早く終わってほしい」という気持ちに頭が支配されてしまいます。これでは反省もしてもらえず、逆効果です。

★ 叱るときの言葉①

プラスの言葉を取り入れながら叱る

POINT 叱る言葉以外に、前後に相手を褒めてみましょう。「いつもの仕事ぶりはみんなが評価している。だからこそ、今回の件はしっかりと反省するように」といったように褒めながら叱ると、受け入れられやすくなります。

★ 叱るときの言葉②

同じ目線に立った言葉で叱る

POINT 上司は座って、部下は立つ。もしくは部下は座って上司は立つ。このように目線が違う状態で叱ると、威圧感がかかります。目線は同じにし、「どうしたらミスをなくせるか一緒に考えよう」といったように心の目線も揃えましょう。

★ 他の人にも効果がある叱り方

1人の人だけ注意すると、他の人も気が引き締まる

POINT 1人の人を周囲の人がいる場で注意すると、それを聞いた他の人も気を引き締めて行動するようになります。非常に簡単なやり方ですが、あとから労わり、フォローするなど遺恨を残さない工夫も忘れてはいけません。

★ 部下を丸め込みたいとき

部下から間違いを指摘されたら「勉強になっただろう」と言う

POINT 部下を持つ上司といえど、ミスはあります。もしも部下からミスを指摘されたら「よく気付いたな、勉強になっただろう」とあえて部下に経験を積ませるために間違えたと言い切ってしまいましょう。信用を失わずに済みます。

★ 控え目な部下を指導したいとき

失敗したときの逃げ道を教えながら指導する

POINT 失敗を恐れると、どうしても行動が控え目になってしまいます。「失敗したら私が責任を取る」「難しかったら、その都度相談するように」といった具合に逃げ道を見せながら指導すると、動いてもらいやすくなります。

第3章 相手を思いのままに操る心理術

信頼関係を築く

どんな相手でも信頼関係を築けると、操りやすくなるのじゃ。地道な行動を積み上げて信頼を獲得しよう。

★ 会話で信頼関係を築きたいとき

会話のメッセージ量を増やす

POINT 会話の長さと信頼関係の強さは比例します。メールなどのメッセージでも「了解」ではなく、「いつもありがとう。とても助かりました」などメッセージの量を増やすと、信頼関係が強くなります。

★ 悩みに共感しているとわからせたいとき

否定疑問文を使って相手の悩みを当てる

POINT 否定疑問文とは「まさか……ではないですよね？」といった言い方のこと。「まさか夫婦仲で悩んではないですよね？」「まさか仕事の決断で悩んではないですよね？」などと言われると、ついつい「わかってくれている」と思ってしまいます。

★ 打ち合わせで信頼関係を築きたいとき

去り際の印象をよくする

POINT 打ち合わせの去り際には、感謝の言葉を伝えましょう。最後に受けた印象が記憶にはもっとも残ります。「貴重なお時間をいただき、ありがとうございました」「勉強になりました」などの感謝の言葉を用意しておきましょう。

★ 親密感を演出したいとき

相手の名前を
積極的に呼ぶようにする

POINT 名前を呼ぶと、相手の注意を引き、話の内容をいい印象で受け取ってもらいやすくなります。あいさつをするときにも「○○さん、おはようございます」といったように名前をつけるだけで印象がよくなります。

★ できる人だと思われたいとき

待ち合わせ時間を
細かい時間にする

POINT 仕事ができると思われるには、多忙な人だという印象を与えればいいのです。そのために、待ち合わせの時間を15時10分や15分のように細かい時間にするのが有効です。分刻みの忙しいスケジュールで動いているように見せることができます。

第3章　相手を思いのままに操る心理術

もっと知りたい「心理法則」

本章で紹介した心理テクニックの裏付けとなる心理法則を紹介していきます。心理法則がわかると、心理術の効果も十分に発揮されます。

ドア・イン・ザ・フェイス

大きな要求をして一度断らせてから、本命の要求をする心理テクニック。先に譲歩することで、相手にも「譲歩しなければならない」という気持ちを植えつけることができる。

参照ページ→ P.96

フレーミング効果

言葉の言い換えで相手に抱かせる印象を変えること。「1kg」を「1000グラム」と伝えて、印象を変えるなどといった使われ方をする。

参照ページ→ P.96

社会的証明の原理

自分以外の大多数の人間が行っていることを、正しいことだと思い込んでしまう心理現象。人は他人の行動を参考にしながら、自分の行動を決めている。

参照ページ→ P.97

ランチョンテクニック

食事中は否定的な気持ちになりづらいことを利用し、相手のイエスを引き出したい交渉を食事の席で行う心理テクニック。交渉は食前・食後ではなく、食事中に行う。

参照ページ→ P.103

バンドワゴン効果

「バンドワゴン」とは、パレードの先頭にいる楽隊車のこと。「バンドワゴン効果」は、大勢の人が支持しているときに、その支持が一層大きくなる現象のこと。

参照ページ→ P.104

スノッブ効果

多数の支持が集まっているときに、そのことを嫌い、別の対象を支持する現象のこと。

参照ページ→ P.104

ウェブレン効果

ものやサービスが高級、高額であればあるほど目立つため、周囲に見せびらかすために商品を購入し、支持を集めようとする現象のこと。

参照ページ→ P.104

アンダードッグ効果

バンドワゴン効果とは違い、弱い立場に置かれたものに対して同情心から支持が集まる現象のこと。

参照ページ→ P.104

フィア・アピール

「フィア」とは、不安や恐怖という意味。人が持っている不安心理を利用し、どうすれば不安を除去できるかを訴求する心理テクニック。保険の広告で多用されている。

参照ページ→ P.104

一貫性の原理

一貫した行動を取りたいという心理を利用した法則。たとえば、一度お願いごとをして聞いてもらったら、より面倒なお願いごとでも聞いてもらいやすくなる。

参照ページ→ P.107

モデリング

人は他人の行動に影響を受けてしまう。他人と同じような行動をしてしまう心理をモデリングという。

参照ページ→ P.108

コントラスト効果

2つ以上のものを比較する際に、実際の違い以上に大きな違いに感じる心理現象。飲食店での松竹梅や高級品の商談で用いられている。

参照ページ→ P.110

誤前提暗示

人は納得できる前提を提示されたあとに選択肢を提示されると、それ以外の選択肢が考えられなくなり、選択肢から判断をしてしまうという心理現象。

参照ページ→ P.111

カリギュラ効果

「やってはいけない」「見てはいけない」と言われるとやりたくなる心理のこと。禁止されると、人はかえって対象への興味を増してしまう。

参照ページ→ P.118

第4章

自分の印象をよくする心理術

この章では、気になる人とのコミュニケーションで、自分の印象をよくする便利なテクニックを紹介しています。自分の好意が相手に伝わるちょっとしたコツを学びましょう。

2人で話す

2人きりで話すときは、相手に好意を抱かせる絶好のチャンスじゃ。好意が伝える話し方を知ろう。

★ 好印象を与えたいとき①

とくにお願いしたいことがなくてもお願いしてみる

POINT 相手に好印象を与えたいなら、あえて頼みごとをしてみましょう。相手はあなたから頼りにされた満足感や優越感を味わいます。親分気質のリーダータイプには、抜群の効果を発揮するでしょう。

★ 好印象を与えたいとき②

小さなお願いごとを何度かする

POINT 人は頼みごとをされると「頼りにされている」と感じます。この気持ちが「頼みごとに応えているのは自分も好意を持っているから」と錯覚するもとになります。こうして小さな頼みごとを積み重ねていくと、2人の関係性も好転するかもしれません。

★ 相手からの好意を長続きさせたいとき

会話の中に相手の名前を
ちりばめる

POINT 会話の端々で相手の名前を呼び合うようにすると、お互いの好意が長続きします。好意が続かないカップルは、「おい」や「ねえ」などと、名前で呼ぶことやめてしまった人が多いようです。

★ 相手に好意を抱かせたいとき①

2人きりになれるチャンスを
逃さない

POINT 親密な関係になりたければ、とにかく1対1になれるチャンスがないか考えましょう。他の人がいない分、人の目も気にならず、じっくりと話ができるため、親密になれる可能性が高まります。

★ 相手に好意を抱かせたいとき②

コンプレックスを話す

POINT 自分の自慢を聞かせるよりも、弱みやコンプレックスをさらけ出すほうが好感度は上がります。コンプレックスが相手と自分との共通の仮想敵となり、結束力を強くすることができるのです。

第4章 自分の印象をよくする心理術

★ 相手に好意を抱かせたいとき③

会話では聞き役に徹する

POINT 会話での原則は、話すよりも聞くことです。人は話すことで快感を覚えますが、必ずしも聞いている側もそうとは限りません。だからこそ相づちや表情、姿勢など、親身になって聞いている姿勢を示すと、信頼関係を築くことができます。

★ また会いたいと思わせたいとき

急に予定を思い出したふりをして話を終わらせる

POINT 話が盛り上がったところで急に「予定を思い出した」として中断します。すると、相手は「続きが聞きたい」という気持ちになり、次に会う予定をスムーズに取り付けることができるようになります。

★ 評価を高めたいとき①

早口で情熱を込めて話す

POINT 熱意を込めて、早口で話すと相手から信頼されやすくなります。一生懸命に話している姿勢が評価されるのです。ただし、熱意が伝わらなければ、何か後ろめたいことがあってごまかすために早口で話していると思われるので要注意。

★ 評価を高めたいとき②

若者には早口、年配の人には ゆっくりと話す

POINT 人は年を取るほど、体感の時間が遅くなっていきます。そのため、若者と話すときは早口で話しても問題ありませんが、年配の人と話すには、その人の時間感覚に合わせる必要があります。年配の人にはゆっくりと話すようにしましょう。

★ メールで相手の好意をはかりたいとき

強調する言葉、ポジティブな 表現が多ければ好意がある

POINT メールやLINEなどでコミュニケーションを取るときに、「すごく」「本当に」といった強調語、「うれしい」「楽しい」といったポジティブな言葉が多用されていたら、相手はあなたに好意を抱いている可能性があります。

★ 好意を抱いている人と話したいとき

相手の真横に座る

POINT 相手の正面に座ることは避けましょう。正面に座ると、無意識のうちに警戒心を抱かれてしまいます。そのため、好意を持ってほしいなら、相手の横に座るといいでしょう。

第4章 自分の印象をよくする心理術

話す距離

人は、心を許している相手とそうではない相手によって、近づく距離を変えているのじゃ。

★ 恋人と話すとき

0〜15cmの距離で話す

POINT 密接距離（近接相）という距離です。人には他人に入られると不快に感じる「パーソナルスペース」というものがあります。密接距離はパーソナルスペースにもっとも近づいています。恋人同士が好む距離感です。

★ 家族と話すとき

15〜45cmの距離で話す

POINT 密接距離（遠方相）という距離です。容易に触れ合える距離で、家族のように親密で信頼できる関係性の人が許される距離です。

★ 友人と話すとき

45 ～ 120cmの距離で話す

POINT 個体距離という距離です。手を伸ばせば相手に触れることができます。友人や知人など面識があり、ある程度心を許し合っている人同士の距離です。

★ 初対面の人と話すとき

1.2 ～ 3.5mの距離で話す

POINT 社会距離という距離です。手を伸ばしても相手に触れることはできませんが、会話をする分には問題ありません。初対面の相手やビジネス上の付き合いなどで多用されます。

★ 大人数の前で話すとき

3.5 ～ 7 mの距離で話す

POINT 公的距離という距離です。主に大人数の観客や複数人の相手とコミュニケーションをとるときに用いられます。面接試験もこの距離で行われることが多くあります。

第4章 自分の印象をよくする心理術

言葉遣い

言葉の選び方で印象はガラッと変わるものじゃ。ここでは相手から好かれる言葉の選び方を知ろう。

★ 信頼される言葉遣い①

褒め言葉は知り合って浅いうちこそ効く

POINT 人は長い付き合いのある人から褒められるよりも、付き合いが浅い人から褒められるほうがよりうれしいと感じます。つまり、知り合って間もないうちこそ、相手を積極的に褒めることで、喜ばれ、親密になれるのです。

★ 信頼される言葉遣い②

誰にでも当てはまる言葉でなぐさめる

POINT 「最近疲れているみたいだね」「何か悩みがあるんじゃない？」といった一見相手を思いやっているようだけれども、誰にでも当てはまるような言葉は、相手の信頼を勝ち取るのに有効です。

★ 信頼される言葉遣い③

ポジティブな言葉を選ぶ

POINT ある商品を売り込むとして「最近あまり売れていないのですが」と言うのと「ロングセラーの商品です」と言うのとでは、どちらがいい印象を持つでしょう。もちろん、後者です。ポジティブな言葉は相手に前向きなイメージを与えます。

★ 信頼される言葉遣い④

断定口調は使わないようにする

POINT 「これが絶対」「100％」など断定口調は、相手をムッとさせてしまう可能性があります。これはあなた自身の魅力を損なうことにつながりかねません。強い断定の口調ではなく、ソフトな口調を心がけましょう。

★ 相手の気を引きたいとき①

夢に出てきたと伝える

POINT 「夢に出てくるということは、いつも自分のことを考えてくれているのでは」と思われやすくなります。ポイントは、いい夢であること。ふたりで楽しく遊んだ、食事をしていたなど、楽しい夢だったことも忘れず伝えましょう。

第4章 自分の印象をよくする心理術

★ 相手の気を引きたいとき②

前に話していたことを
思い出して話す

POINT 「この間話していた映画観たよ」といったように、前に聞いた話の続きをしましょう。「興味（好意）があること」をさりげなく伝えられる有効な手法です。

★ 相手の気を引きたいとき③

「会ったことないタイプの人」と
言って特別扱いする

POINT 「不思議な人」「今まで出会ったことのない人」など、特別扱いをしましょう。相手はあなたの人生に特別な影響を与えている唯一無二の人だと思い、好感を持たれやすくなります。

★ 相手の気を引きたいとき③

主語を「僕たち」「私たち」にして
連帯感を出す

POINT 会話の主語を「僕たち」「私たち」と一緒にすることで、ふたりの間に連帯感を築くことができ、心理的な結びつきを強くすることができます。「一緒に」「お互いに」といった言葉にも同様の効果が望めます。

★ 相手を褒めたいとき①

男性は成果や能力を褒める

POINT 男性を褒めるときのポイントは「成果」。仕事で何か成し遂げたことがあれば「あの企画を通したのはすごい！」などと褒めてあげましょう。自尊心をくすぐり、褒めたあなたの印象もよくなるでしょう。

★ 相手を褒めたいとき②

女性はプロセスを褒める

POINT 女性を褒めるときのポイントは「過程」。「毎日コツコツやっていてえらいね」など、日々のがんばりを褒めてあげましょう。しっかりと見ていてくれたという喜びを感じ、褒めたあなたの印象もよくなるでしょう。

★ 部下を励ましたいとき

部下には禁止フレーズで励ます

POINT 部下を励ますときには、「がんばれ」は逆効果。本人はがんばっているつもりでも「がんばれ」と言われると、反発されてしまいます。有効なのは「がんばりすぎるな」「無理するな」という禁止形を使った励まし方です。

第4章 自分の印象をよくする心理術

話を聞く

会話では、話すよりも聞くほうを重視するのじゃ。聞き方が変わるだけで相手に与える印象は変わるものじゃ。

★ 聞き方で好印象を与えたいとき

メモをとりながら話を聞く

POINT 相手の話を聞きながらメモを取っていると、相手は「自分の話を一生懸命に聞いてくれている」と思います。すると印象がよくなり、信用して心を開いてくれるようになるでしょう。

★ 距離を縮めたいとき①

バーで隣り合って話を聞く

POINT バーのカウンターは、近い距離で隣り合って座ります。そのため、相手が心を許した人しか入れないパーソナルスペースに自然に入りこむことができます。また、向き合って座るよりも心理的な壁がなく、話も弾みやすくなります。

★ 距離を縮めたいとき②

相手が好きなものがある レストランに連れていく

POINT 一緒に食事をすると、人は批判的な考えになりづらく、警戒心が緩みます。さらに、相手が好きな食べ物を調べて、好きなものを食べながら話すことでより快感状態になってもらい、あなたの印象がよくなります。

★ 相談を聞くとき

相談は「I（アイ）メッセージ」で 聞く

POINT 人からされた相談には、主語を「You（あなた）」ではなく「I（私）」にして答えましょう。「（あなたは）こうしなよ」ではなく、「私だったらこうする」「私も悲しい」と共感しながら答えると、信頼関係を築くことができます。

★ 驚きを強調したいとき

倒置法を使ってリアクションを する

POINT 相手の話に驚いたことを伝えると、自尊心をくすぐり、印象がよくなります。たとえば「本当にそんなことがあるんですね」を「あるんですね、本当にそんなことが」とすると、より真実味を増したリアクションに聞こえます。

第4章 自分の印象をよくする心理術

しぐさ

活発な人、頼もしい人など、プラスの印象を持ってもらうためには、しぐさを変えるのじゃ。

★ 安心感を与えたいとき

身振り手振りを大きくする

POINT 少し大げさなくらいの動きを心がけると、相手に頼もしいと思ってもらえます。また、大きな身振り手振りをすると、自分にもリラックス効果があり、落ち着いて話すことができます。

★ 活発な印象を与えたいとき

あごを少しだけ上げる

POINT あごを20度だけ上げると、快活な印象を相手に与えることができます。ただし、注意したいのはあごを上げすぎること。上げすぎてしまうと、態度が大きく、見下しているような印象になってしまう恐れがあります。

★ 信頼を得たいとき①

背筋を伸ばして歩く

POINT 背筋を伸ばして大股で歩くと、明るく活発な印象を与えることができます。反対に、猫背でうつむきがちに歩いていると、元気がなく頼りない印象になり、マイナスのイメージを植えつけてしまいますので、注意しましょう。

★ 信頼を得たいとき②

最後までたくさん相づちを打つ

POINT 相づちは、話の最初のほうは打っていても、だんだんと時間が経つにつれ、打つ回数が減っていくものです。話し手は聞き手が相づちを打っていると「わかってもらえた」と安心します。相づちは「回数を多く、最後まで」を心がけましょう。

★ 自然にアイコンタクトをしたいとき

相手のまばたきの回数を数える

POINT 目を見て話すことに苦手意識を持つ人もいるでしょう。そんな人は「目を見て話す」のではなく、「1分間相手のまばたきを数える」ようにすると自然なアイコンタクトができるようになります。

第4章 自分の印象をよくする心理術

143

身だしなみ

服装や表情などの身だしなみも、相手に好印象を与えるために利用しよう。少しの変化で効果が出るのじゃ。

★ 注目を集めたいとき

普段と違う服装で違和感を覚えさせる

POINT　相手に違和感を与えることは、自分をアピールする有効な手段です。たとえば、普段は大人しい服装をしている人が、急に派手な色の服を着始めると、周囲は「何かあったのかな？」と考え、勝手に気にかけてくれるようになります。

★ デートで好印象を与えたいとき

顔の左側を見せる

POINT　恋愛では、相手に自分の顔の左側を見せるのが有効です。左側は感情を司る右脳の影響を受けるため、優しくやわらかな表情が特徴です。デートでは、なるべく相手の右側に行き、左側の顔を見せるようにしましょう。

★ 仕事で好印象を与えたいとき

顔の右側を見せながら話す

POINT 右側の顔は、左脳の影響を強く受けます。左脳は、論理的な考え方をするため、その影響で右側の顔が知的に見えるのです。凛々しく、かっこよく見せたいのなら、相手を自分の右側に座らせましょう。

★ 威厳を出したいとき

黒のスーツで威厳を演出する

POINT 黒のスーツは、威厳を感じさせます。若手だとしても商談やプレゼンに黒のスーツを着ていくことによって、未熟さを多少カバーできることも。信頼感を感じさせる黒のスーツを1着は持っていたいものです。

★ 印象を操作したいとき

ネクタイの色を変える

POINT 医師の手術着に緑が多いのは、緑に人の気持ちを落ち着かせる効果があるからです。フレンドリーな印象を与えたいときには、黄色のネクタイや小物を取り入れるといいでしょう。社交的な雰囲気を演出できます。

第4章 自分の印象をよくする心理術

145

態度

自分をさらけ出す自己開示の姿勢は、相手の開示も促す効果があるのじゃ。その他にも印象をよくする態度を知ろう。

★ 積極的に信頼を勝ち取りたいとき①

包み隠さず自分のことをさらけ出す

POINT 自分のことをありのままにさらけ出すと、相手に「あなたのことを信頼しています」というメッセージを送ることができます。また、自分から話すことで相手も自然と自身のことを話してくれ、より親密になることができます。

★ 積極的に信頼を勝ち取りたいとき②

あいさつは自分からする

POINT あいさつはもっとも簡単に信頼を勝ち取る手法です。元気よくハキハキとしたあいさつを自分から先にすることで、あなたの印象は確実によくなります。キーワードは「先手必勝」。自分から先にすることが重要です。

★ ボディタッチをする①

女性から男性へは積極的にすると好感度アップ

POINT 女性から男性へのボディタッチは、好意を伝えるのに有効な手段です。タッチする場所は、二の腕が無難。会話の最中や歩いているときなど、自然な雰囲気でタッチができるようにしましょう。

★ ボディタッチをする②

男性から女性へは慎重にする

POINT 男性から女性へのボディタッチは、注意が必要です。タッチすることで、女性が緊張して警戒されてしまうことがあります。また、男性が緊張してぎこちなくタッチしてしまうと、かえって悪い印象を与えてしまいかねません。

★ 相手からの好意を長続きさせたいとき

尽くしすぎず、尽くされすぎないようにする

POINT カップルであれば、相手に尽くしすぎるのも、尽くされすぎるのも避けましょう。片方が尽くしすぎてしまうと、尽くされているほうからの見返りを期待してしまいます。これこそが好意が長続きしない原因になるのです。

第4章 自分の印象をよくする心理術

147

★ 目上の人に好かれたいとき①

適度に弱いところを見せる

POINT 人は相手から弱みを見せられると、親近感を抱きやすいものです。普段は自分をよく見せようと努力していても、時には弱みを見せたり、周囲に頼る勇気を持つと、周囲の人の力を借りることができるようになります。

★ 目上の人に好かれたいとき②

無理してでも
あたたかいリアクションをする

POINT 相手が多少苦手な人でも、冷たい態度を取ってはいけません。相手も態度が冷たくなり、ますます関係が冷え込みます。無理にでも明るく振る舞うことで、関係がよくなっていくのです。

★ 好意を持たれたいとき①

意図的にツンデレを作り出す

POINT 普段は「ツンツン」しているのに、２人きりになると「デレデレ」と甘えることを「ツンデレ」といいます。このように振れ幅を大きくすることで、相手の好意を勝ち取ることができるのです。

148

★ 好意を持たれたいとき②

会う回数を増やす

POINT 好感度を高めるには、相手との会う回数を増やすことが有効です。人は会う回数が多い人ほど、好意を抱きやすいといわれています。さらに、人間的な側面を知るとより好意を抱きます。会う回数を増やしつつ、自分のことも話していきましょう。

★ 魅力的な笑顔を作りたいとき①

会話の終わりを無言の「い」で締める

POINT 話し終えた瞬間の表情は、その人の印象を左右します。話し終えたら、無言で「い」の口をするだけで、魅力的な笑顔を作ることができます。企業の受付係でも使われているテクニックです。

★ 魅力的な笑顔を作りたいとき②

笑うときは、声を必ず出す

POINT 笑うときには、顔だけでなく、声も出しましょう。顔だけで笑うと、作り笑いに見えたり、皮肉っぽい笑顔に見えたりしてしまいがちです。声を出すことで、本心から笑っていることが伝わります。

第4章 自分の印象をよくする心理術

初対面

初対面はその後の関係性も決めてしまうほどの大切な場面。はじめの一歩でいい印象を与える方法を知るのじゃ。

★ 初対面の印象をよくしたいとき①

名刺交換のあとに握手をする

POINT ビジネスにおいて初対面の名刺交換は重要です。ここで、ただ名刺交換をするだけでなく、握手を求めてみましょう。力と心がこもった握手を3秒するだけで、相手は「情熱のある信頼できる人」と見なしてくれ、印象がよくなります。

★ 初対面の印象をよくしたいとき②

話よりも見た目を重視する

POINT 人の印象は見た目→話し方→会話の内容の順番で影響を受けます。つまり、話し方や言葉の選び方をどれだけ学んでも、見た目で受け入れてもらえなかったら、意味がないのです。服装や態度を第一優先で見直しましょう。

★ 初対面の印象をよくしたいとき③

普段よりも丁寧にお辞儀する

POINT 第一印象は相手の頭に強く残ります。その後の関係をよくする第一印象のために必要なのは、お辞儀です。お辞儀に気を遣っている人は少ないため、丁寧なお辞儀を心がけるだけで他の人よりもいい印象を持たれやすくなります。

★ 初対面の印象をよくしたいとき④

自然な笑顔を保つ

POINT 無表情でいるよりも笑顔で接したほうが、第一印象はよくなります。無理な作り笑いでは違和感を与えかねませんので、自然な笑顔ができるように練習しましょう。また、笑顔は周囲の人も心地よい気持ちにします。

★ 初対面の印象をよくしたいとき⑤

与えたいイメージに合わせて眼鏡を変える

POINT 眼鏡はフレームのデザインによって、与える印象が変わります。黒縁は知的な印象。丸眼鏡は親しみやすさ。四角は信頼。フレームが細い眼鏡は柔らかく、優しげな印象を与えます。眼鏡で印象をコントロールしてもいいでしょう。

第4章 自分の印象をよくする心理術

★ 初対面の印象をよくしたいとき⑥

あらかじめ相手の情報を
仕入れておく

POINT 人は自分のことをわかってくれている人に心を開きやすくなります。初対面の相手と会う前には、その人の情報をあらかじめ仕入れ、情報を会話の端々に入れていくと、相手から信頼してもらいやすくなります。

★ 初対面の印象をよくしたいとき⑦

目の前には立たない

POINT 初対面のとき、相手の正面から近づくことは控えましょう。面識のない相手に目の前に立たれてしまうと、警戒心を抱きやすいのです。警戒心がうすい相手の右側から近づくようにしましょう。

★ 好意を抱いてほしいとき

釣り合っていると感じさせる

POINT 人は身体的魅力が自分と釣り合っている人を好きになりやすい傾向があります。身体的魅力以外でも、外見と経済力や知性と優しさなど、他の要素も含めて釣り合っていれば魅力を感じるので、釣り合っていると思われるようにしましょう。

好意を抱かせる

恋人同士やデートなど、相手に好意を抱かせたい、好意を長続きさせたいときにも心理術が活躍するのじゃ。

★ デートで好意を抱かせたいとき

ホラー映画やお化け屋敷でドキドキさせる

POINT 一緒にドキドキする体験をすると、人は恋愛のドキドキと混同してしまいます。これを利用して、ホラー映画やお化け屋敷に行き、意図的にドキドキするシチュエーションを作ることで、恋愛が成功する可能性が高まります。

★ 告白したいとき

失敗しそうでも告白してしまう

POINT 気になる相手には、結果を気にせず告白してしまいましょう。人は好意を寄せられていると知ると、相手のことを意識せずにはいられなくなります。告白が失敗したとしても、相手に自分のことを意識させることで次のステップに進めるのです。

第4章 自分の印象をよくする心理術

★ 頼られたいとき

不安を煽ってから助けてあげる

POINT　「このままだと悪い結果になります」などと脅したあとに「でも、これを使えば大丈夫」と救うことで人は安心感を得て好感度が上がります。詐欺師が使う有名なテクニックでもありますが、正しく使うと頼れる人だと思われるいい手法になります。

★ 自分が軽く見られているとき

第三者を使って風評効果を狙う

POINT　自分が軽く見られている状況を打開したいときは、別の人物から自分のいい評価を吹き込んでもらいましょう。「彼は○○の専門家なんですよ」となんでもいいからあなたの権威を強調してもらうと、相手はあなたに興味を持つようになります。

★ マンネリを打開したいとき

相手の嫉妬心を煽って刺激する

POINT　恋人以外の人と親密だというところを見せたり、誰かに言い寄られていると打ち明けたりすると、相手の嫉妬心を刺激することができ、マンネリを打破できることも。ただし、感情的になりやすい相手には効きすぎてしまうので要注意。

もっと知りたい「心理法則」

本章で紹介した心理テクニックの裏付けとなる心理法則を紹介していきます。心理法則がわかると、心理術の効果も十分に発揮されます。

ゼイガルニク効果

話が盛り上がってきたところで中断されると、続きが気になる心理現象のこと。テレビのバラエティ番組やドラマでも CM や次週への誘導に使われているテクニック。

参照ページ→ P.132

アロンソンの不貞の法則

人はすでに知り合っている親しい人よりも、初対面などの関係が浅い人からかけられた言葉のほうが印象に残るという心理現象。

参照ページ→ P.136

バーナム効果

占い師が客にかける言葉のように、誰にでも当てはまることなのに、言われてしまうと自分のことだと信じ込んでしまう心理効果のこと。

参照ページ→ P.136

プライミング効果

相手から最初に与えられた情報が、あとになってから影響を及ぼす暗示の心理効果のこと。自分から使えば先入観を植えつけることもできる。

参照ページ→ P.137

自己開示

自分の秘密を他人に打ち明けること。いいところも悪いところもありのままに伝える。自己開示をされると、相手は自分も自己開示をしなくてはならないという心理になる。

参照ページ→ P.146

返報性の原理

人は一方的に他人から物を与えられたり、施しを受けたりすると罪悪感を感じ、お返しをしたいと思う心理のこと。

参照ページ→ P.146

悪意の返報性

「返報性の原理」は相手からの好意に対してお返しをしたくなる心理効果。「悪意の返報性」は、冷たい態度や攻撃的な言動に対してもお返ししたいと思う心理。

参照ページ→ P.148

ザイアンスの法則

①人は知らない人に対しては冷淡で攻撃的である、②人は会う回数が多くなるほど好意を抱く、という2つの心理効果のこと。

参照ページ→ P.149

単純接触効果

接触回数が増えるほど、好感度が高くなる心理現象。実際の人間関係だけでなく、CM や選挙活動でも有効。

参照ページ→ P.149

メラビアンの法則

聞き手が話し手から受ける印象の順番のこと。①見た目や態度の視覚情報、②声や話し方の聴覚情報、③会話内容の言語情報の順番で影響を受ける。

参照ページ→ P.150

吊り橋効果

不安や恐怖を一緒に体験した人に対して恋愛感情を抱きやすいという心理効果。お化け屋敷や絶叫マシンに一緒に乗ると距離が縮まるといった例も。

参照ページ→ P.153

第5章

感情を
コントロールする
心理術

心理術は他人を知ったり、動かしたりする以外に、自分自身の心にも影響を与えます。この章では、イライラを鎮めたり、やる気を出したりするためにすぐにできる心理術を紹介しています。

怒りを鎮める

怒りをコントロールできるようにしよう。原因別にさまざまな対処法を知るとコントロールできるようになるのじゃ。

★ 相手の行動に怒りを感じたとき①

6秒だけ冷静に待ってみる

POINT 人の怒りは、6秒でピークが過ぎるといわれています。怒りを感じたら、すぐにそれを表に出すのではなく、まずは6秒我慢してみると、すっかり治まってしまうことがあります。

★ 相手の行動に怒りを感じたとき②

「相手も故意にやったのではない」と思いなおす

POINT 相手の行動に「悪意がある」と思うのを一旦やめてみましょう。相手も偶然やってしまったのだと考え直すと、怒りは自然となくなっていきます。

★ 相手の行動に怒りを感じたとき③

自己暗示をかけて客観的になる

POINT 怒りを感じたときには、「私は今とても落ち着いている」と自己暗示をかけてみましょう。目の前の嫌な出来事を他人事として客観的に見ることができるため、ネガティブな感情を追いやることができます。

★ 挑発されたとき

深呼吸してリラックスする

POINT 人は怒りを感じているときに、筋肉がこわばり、心拍数が上がります。そんなときこそ、一度深呼吸をしてリラックスしましょう。深呼吸をすることで、交感神経の働きが低下し、副交感神経が働くようになります。

★ 嫌味を言われたとき

傷ついたそぶりを
相手に見せないようにする

POINT 嫌味を言われて傷ついたそぶりを見せてしまうと、ますます相手は喜んでしまいます。気にしていないそぶりを見せると、「言い過ぎたかも」と勝手に反省してくれる場合も。

第5章 感情をコントロールする心理術

★ 理不尽に上司から怒られているとき

冷静に相手のことを観察する

POINT 自分に非がなく、口汚く怒られているときこそ、冷静になって相手を観察してみましょう。すると、「同じことばかり言っている」「嫌なことでもあったかな」と怒りや反省とは別の感情を保てるため、気持ちが落ち着いてきます。

★ 批判されているとき

言われた言葉をポジティブにとらえる

POINT 相手から批判されているときには、言葉をその通りに受け取ることをやめてみましょう。「ふざけるな！」と言われたら、「この人は自分が普段真剣に仕事をしていると思ってくれているんだ」などとポジティブな言葉に変換するのです。

★ イライラを鎮めたいとき①

自分のことを「おもてなしのプロ」だと思い込む

POINT 普段と違う自分を心の中で演じてみましょう。人から嫌なことを言われたときでも、「自分はホストだ」「おもてなしのプロだ」と思い、演じると、イライラを受け流すことができます。

★ イライラを鎮めたいとき②

大切な人のことを考えて「ありがとう」と言う

POINT 幸せで満ち足りた気持ちは、イライラのような負の感情を抑えるのに有効です。イライラしたら、大切な人を思い浮かべて「ありがとう」と言うことで、幸せな気分を呼び起こすことができるようになります。

★ イライラを鎮めたいとき③

単純作業に徹する

POINT イライラしているときは、そのことを考えないようにしても考えてしまうものです。そんなときは別の考え事をしましょう。羊を数えるといった単純作業や、旅行に行きたい場所などのポジティブな考えごとがいいでしょう。

★ イライラを鎮めたいとき④

原因を考えて「○○のせいで怒っている」と宣言する

POINT イライラは原因を突き止めてみるとすっきりすることも。原因を分析したら「○○のせいで怒っている」と宣言をします。1〜3分ほど、この宣言を繰り返すと、ネガティブな感情が吐き出されて、リフレッシュできます。

第5章 感情をコントロールする心理術

悩みを解消する

モヤモヤとした悩みがあると、気分が晴れないもの。悩みも心理術のテクニックで解消できるのじゃ。

★ 落ち込んでいるとき

一度休憩を入れて気分転換をする

POINT 落ち込んで思うように物事が手につかないときには、思い切って休憩を取りましょう。一度離れることで気分転換ができ、それまでとは違った新鮮な気持ちで仕事ややるべきことに向き合うことができるようになります。

★ モヤモヤしているとき

モヤモヤしている原因を紙に書き出す

POINT なんとなくモヤモヤとして気分が晴れないときは、自分自身がモヤモヤの原因がわからないことが理由になっています。そんなときは紙に気になっていることをすべて書き出してみましょう。もし、原因が見つからなくても気持ちが落ち着きます。

★ 不安を感じたとき

「なんとかなる」「大丈夫」と心の中で唱える

POINT 悩みや気になることがあるときには、どうしても思考がネガティブになりがちになります。そんなときは「なんとかなる」「大丈夫」を口ぐせにしましょう。悩みが深刻になるのを防ぎ、気持ちが楽になります。

★ トラブルに巻き込まれたとき

トラブルが解決したあとのことを想像して今やるべき行動を考える

POINT 目の前のトラブルに対処するのが憂鬱になっているときは、解決までの道筋が見えていないことが憂鬱の原因です。まずは解決後の姿をイメージして、そこから逆算で対応策を考えてみましょう。

★ スランプを終わらせたいとき

スランプを抜けて成功している自分の姿をイメージする

POINT 長く物事を続けていると、スランプに陥ることもあります。そんなときは、成功したあとの自分をイメージします。すると、成功するまでに今の自分ができること、伸ばすべき能力を思い描くことができ、自信が回復してくるでしょう。

第5章 感情をコントロールする心理術

★ ストレスを感じたとき

日常的に少しずつ発散していく

POINT ストレスはできるだけ溜めないようにするのがポイント。趣味や運動、友人と会うなど、日常的に少しずつ発散していくと、ストレスを溜めないでにこやかに過ごすことができます。

★ ストレスを溜めないために

競争意識を低く持つ

POINT ストレスをためやすい人の特徴のひとつに、周囲との競争意識が強いという基準があります。自分のペースで物事に取り組める人は、ストレスを溜めにくい傾向があります。

★ 優柔不断をやめたいとき①

期限を区切って決める

POINT 優柔不断で迷うのは、そもそも迷う時間があるということも原因です。「○時まで」「○日まで」など、決める期限を決めてしまえば、迷っている時間も無駄にならず、行動を始めることができます。

★ 優柔不断をやめたいとき②

運に任せるというルールを作る

POINT サイコロやコイントス、鉛筆を転がすなど、何かランダムなものに決定を委ねるのも有効です。もしも、決まったものに納得がいかないときには、別の選択肢を選びましょう。

★ 優柔不断をやめたいとき③

やった後悔よりもやらなかった後悔のほうが大きいと知る

POINT 後悔を恐れる気持ちが優柔不断のもとになります。そもそも後悔とは、やったことに対するものより、やらなかったことに対するほうが大きくなります。やるかやらないかで悩んだら、まずはやるようにすると、後悔が小さくなります。

★ 不満を解消したいときの行動①

理由をつけて正当化する

POINT 物事がうまくいかなかったときに「○○のせいだ」と理由をつけて正当化するのは、ストレスから身を守る人の防衛機制です。私たちは、自分にとって都合の悪い現実は、納得のいく理由をつけて正当化しがちです。

第5章 感情をコントロールする心理術

167

★ 不満を解消したいときの行動②

責任転嫁をする

POINT うまくいかない原因を自分ではない外部の要因に押しつけることもあります。たとえば、苦手意識を持っている人がいるときに「私が嫌っているんじゃなくて、あの人が私を嫌っている」と思い込むといったことがこの例です。

★ 不満を解消したいときの行動③

他のもので埋め合わせる

POINT 満たされない欲求があるときに、それと似た別の要因に解決策を求めることもあります。たとえば、家族を亡くした悲しみを新しく飼うペットに癒してもらう、スポーツができない人が勉強をがんばるといった例があります。

★ ダイエットしたいとき①

今までの生活を禁止しない

POINT 「○○しか食べない」「○○を食べない」など禁止のルールを作ると長続きしません。かえってその欲求が高まることになり、ストレスがたまってしまいます。絶食や断食は、心理術的に見てもいいとは言えないのです。

★ ダイエットしたいとき②

食べ物を遠ざける

POINT 身のまわりに食べ物があると、食べるつもりがなくてもついつい手が伸びてしまいます。食べ物を買う量を減らす、食べ放題に行かない、食事の部屋と普段過ごす部屋を分けるといった食べ物から遠ざかる工夫をしましょう。

★ ダイエットしたいとき③

食事の前に運動する

POINT 食事の前に運動をすると、食事の量も自然と減らすことができます。運動したあとには、運動を無駄にしたくない心理が働き、不必要な大食いを防げるのです。

★ ダイエットしたいとき④

食事に手間と時間をかける

POINT 食事を食べ過ぎないためには、食事全般の満足度を上げることが有効です。そのためには、自炊がいい手段でしょう。食事に手間をかけると、満足度が上がり、少量の食事で満足できるようになります。

第5章　感情をコントロールする心理術

★ ダイエットしたいとき⑤

小さな変化を取り入れる

POINT いきなり断食や絶食をするのは好ましくありません。運動を始めるなら10分から、食事を減らすなら1〜2割減にする、など小さな変化を時間をかけて積み重ねましょう。

★ ダイエットしたいとき⑥

ストレスを溜めない

POINT 食欲を満たせないとストレスが溜まってしまいます。食事以外で、運動や外出、人との交流などストレスを発散できることを複数探しましょう。それらを組み合わせると、ストレスの原因をうまく排除できます。

★ ダイエットしたいとき⑦

簡単に食べられるものを選ばない

POINT ダイエットが苦手な人の特徴に「すぐに食べられる食品を好む」傾向があります。たとえば、甘栗ひとつとっても、殻が剥いてあるものよりも剥いていないものを選ぶと、過食や依存を防ぐことにつながります。

自信をつける

自分に自信がない、そんなときにも心理術が有効。ポジティブに変われるテクニックを知るのじゃ。

★ すぐに自信をつけたいとき

高級品を身につける

POINT 自分の内面を変えずに、自信をつける方法があります。それが身につけるものを変えること。洋服やアクセサリーなど、高級品を思い切って買って、身につけると「高級品を持っている自分」という自己評価を持てて、自信になります。

★ 自分を励ましたいとき

前にピンチに陥ったときのことを思い出す

POINT 「もうだめだ」と思ったときには、過去にあった困難な状況を思い出しましょう。「あの大変なピンチを乗り切ったんだから」という気持ちになり、目の前のピンチが小さく見えてきます。

第5章 感情をコントロールする心理術

★ ポジティブになりたいとき①

自分を自分で褒めてあげる

POINT 自分のセルフイメージは、普段の思考に左右されます。ネガティブなことばかり考えていれば、自分という人間を価値が低いものと認識してしまいがちです。自分を褒めると、よいセルフイメージが築かれて自信を持つことができます。

★ ポジティブになりたいとき②

作り笑いをして脳をだます

POINT 笑いには力があります。笑うと副交感神経が働いてリラックスすることができます。これは作り笑いでも同じこと。自信を持ちたかったり、前向きになりたかったりするときこそ、口角を上げて作り笑いをしてみましょう。

★ 失敗から立ち直りたいとき

失敗した原因を分析して
失敗自体は忘れる

POINT 失敗をしたら、必ず原因を分析しましょう。原因を分析すると次の失敗を防ぐことができるようになります。また、失敗したこと自体は、原因が分析できたらすぐに忘れましょう。失敗を覚えていても、あとから嫌な思いをするだけです。

★ 緊張を和らげたいとき①

慣れている作業をする

POINT 毎日している簡単な作業をしてみましょう。ネクタイを締める、植物に水をあげる、掃除をするなど、なんでもかまいません。普段と同じ行動は心を落ち着ける作用があります。

★ 緊張を和らげたいとき②

緊張して当然だと受け入れる

POINT 緊張は「してはいけない」と思い込むことで、余計に強くなります。そのため、「緊張して当然」「緊張しているけれども、楽しもう」と緊張を受け入れると、気持ちを切り替えることができます。

★ 緊張を和らげたいとき③

落ち着いてゆっくりと声を出す

POINT 人は、緊張していると声が上ずりやすくなります。そのため、落ち着いてゆっくりと話すことを心がけて話すことができれば、話していくうちに緊張が徐々に和らいでいきます。

第5章 感情をコントロールする心理術

★ 緊張を和らげたいとき④

失敗したら、失敗談として ネタにしようと思う

POINT 失敗を恐れることも、緊張を強くしてしまう原因になります。「失敗しても笑い話にしよう」と割り切ることができると、気持ちが楽になり、自然体で話すことができるようになります。

★ 緊張を和らげたいとき⑤

「緊張しています」と カミングアウトする

POINT 正直に「緊張しています」と話してしまいましょう。すると、話を聞いている人の視線も和らぎ、自分自身もリラックスすることができます。最初に宣言することで、自分をよく見せようという気持ちもなくすことができます。

★ ネガティブ思考をやめたいとき

ネガティブな考えをしてしまう ことを自覚する

POINT まずは、ネガティブな思考をしてしまいがちな自分のことを認めましょう。1回の失敗だけで「いつも失敗する」と考えてしまう、他人の気持ちはわからないのに「嫌われている」と思うなど日常的に考えてしまいがちなことを自覚します。

モチベーションを高める

やる気を出したくても、なかなか出ないこともあるもの。そんなときにも心理術で状況を変えることができるのじゃ。

★ 大事な仕事のとき

重要な会議、プレゼンなどでは赤色のアイテムを身につける

POINT 色は人の心理に影響を与えます。とくに赤色は、力強さを感じさせる色。ネクタイを赤いものにするなど、服装に赤を取り入れると、やる気を増し、快活に行動できるようになります。

★ 集中できないとき

ポジティブな言葉を口にする

POINT 集中力が切れたときには、どうしても「疲れた」「寝たい」などのネガティブな思考になりがちです。そんなときこそ、「やるぞ！」「やらなくては！」といったポジティブな言葉を使うようにしましょう。

第5章 感情をコントロールする心理術

★ モチベーションを保ちたいとき①

目標は小さく、達成できそうなものを積み重ねる

POINT いきなり大きな目標を立ててしまうと、道のりが遠く見え、途方に暮れてしまいます。目標は「すぐにできそうでできない」くらいのものに設定し、少しずつ達成していくと、やる気が続いていつの間にか大きな目標も達成できます。

★ モチベーションを保ちたいとき②

自分のためのご褒美を用意する

POINT 自分に厳しく生きるのはなかなか難しいものです。そこで、自分にもご褒美を与えてあげましょう。「今日中にこれができたら、夜は焼肉を食べる」などどんなことでもいいので、楽しみになることを設定すると、目標に向けて努力しやすくなります。

★ やる気を出したいとき①

浅く、速い呼吸をする

POINT 人は気持ちが停滞しているときほど、呼吸がゆっくりになり、興奮しているときほど、呼吸が浅く、速くなります。これを利用して、意図的に浅く、速い呼吸をすると、やる気を一時的に出すことができます。

★ やる気を出したいとき②

人前で目標を宣言する

POINT 目標を人前で宣言すると、自分を奮い立たせ、やる気にすることができます。宣言といっても、日記やSNSに書くだけでも大丈夫。前向きな言葉を自分自身の潜在意識に植えつけましょう。

★ やる気を出したいとき③

あえて中途半端なところで作業を中断する

POINT 人は未完成のものに強い興味を抱きます。仕事でも、1日の終わりに全ての仕事を終わらせるのではなく、あえて少しだけやることを残しておくことで、翌朝「終わらせよう！」とやる気が出てきます。

★ やる気を出したいとき④

「これさえあればやる気が出る」というものを常に持っておく

POINT 食べ物、音楽、本、ストレッチなど、なんでもかまいませんが、「これをすればやる気が出る」というものを見つけましょう。そして、常にそれを持ち歩き、やる気を出したいときに使えるようにしておくと、いつでもやる気を維持できます。

第5章 感情をコントロールする心理術

★ 使う言葉を変える①

否定形ではなく
肯定形の言葉を使う

POINT 人の思考は、使う言葉に左右されます。ポジティブになりたいなら、肯定形を使いましょう。締め切り前は「あと1週間しかない」ではなく「1週間もある」とすることで、自然とポジティブな心を持つことができます。

★ 使う言葉を変える②

受動形ではなく能動形を使う

POINT 受動形の言葉は、受け身の言葉。消極的な印象になり、気持ちも沈んでしまいます。「恋人にフラれた」ではなく「恋人のために別れた」といったように変換すれば、マイナスのことでも、前向きになることができます。

★ 気持ちを高めたいとき

上機嫌なふりをしていると
上機嫌になる

POINT 気持ちを高めたいときには「ふり」でもいいので、上機嫌な振る舞いをしてみましょう。わざと笑ったり、表情を明るくすれば、気持ちがだんだん明るくなります。

リラックスする

緊張や不安など、リラックスしたいときに有効な手法を覚えよう。心の落ち着きを持つと余裕が生まれるのじゃ。

★ 緊張をほぐしたいとき

冷たいシャワーと温かいシャワーで自然体の感覚を覚える

POINT 毎日のシャワーでも心を鍛えることができます。冷たいシャワーと温かいシャワーを交互に浴びるようにすると、冷たい＝緊張、温かい＝リラックスの精神が身につき、重要な場面に自然体で臨むことができるようになります。

★ 心を落ち着かせたいとき①

風や雨の音など自然の音を聞く

POINT 自然の音は右脳が感知します。自然音は、心をリラックスさせる効果があります。最近ではWebサイトやアプリでさまざまな自然音を聞くことができます。落ち着きたいときに聞いてみましょう。

★ 心を落ち着かせたいとき②

鏡を見ながら自己暗示をかける

POINT 不安な気持ちになったり、プレッシャーを感じたりしたときには、鏡に向かって「自分はできる」「みんなから賞賛される」などとなりたい姿を口にして自己暗示をかけましょう。そうすることで、リラックスすることができます。

★ パニックになったとき

体の力を抜き、リラックスする

POINT パニックになったとき、人は筋肉が硬直し、心拍数が上がり、発汗します。そんなときこそ冷静に体の力を抜き、リラックスすることで、脳が普段と同じだと思い、落ち着くことができます。

★ 大人数の前で話すとき

しっかり聞いてくれる1人に向けて話す

POINT 大勢に向けて話すときは、よくうなずいてしっかり話を聞いてくれる1人の人を探してみましょう。その人に向けて話すようにすれば、自然と緊張も和らぎ、普段と同じ話し方をできるようになります。

幸福感を高める

お金や人付き合いは、考え方次第で幸福にも不幸にもなるものじゃ。幸せを感じられる心を持てるようにしよう。

★ お金との付き合い方

「お金がある＝幸せ」と思わない

POINT　多額のお金を得て、幸福感を味わったとしても、人はその状態に慣れてしまいます。ある程度のお金を手に入れると、幸福感は徐々に薄くなるのです。お金＝幸せという価値観から離れると幸福感が高まるかもしれません。

★ お金の使い方

人のためになることにお金を使う

POINT　自分のためにお金を使うことよりも、人のためになることに使うほうが幸福感は高まります。これはお金以外にも言えることです。他の人への親切はされた人もした人も幸福にするのです。

第5章　感情をコントロールする心理術

★ 理想のパートナー像を考える

理想を高く持ちすぎない

POINT 理想を高く持ちすぎる人よりは、楽観的な人のほうが幸福感が高い傾向があります。自分が感じている停滞感は、理想が高すぎることが原因かもしれません。理想を追うのではなく、今持っている小さな幸せに目を向けてみましょう。

★ パートナーとケンカしたとき

ケンカのあとにセックスをする

POINT 性行為の回数から口論の回数を引いた数が、夫婦の幸福感をあらわすという調査があります。つまり、ケンカ（マイナス行為）の回数を上回る性行為（プラス行為）ができると、自ずと幸福感は高まるのです。

★ 幸せに近づく考え方

自分は幸せだ、と言い聞かせる

POINT 「自分は幸せだ」と思っている人は、平均で9.4年も寿命が延びるという調査結果があります。心の持ち方は、寿命や成功を決定づける要因にもなるのです。

もっと知りたい「心理法則」

本章で紹介した心理テクニックの裏付けとなる心理法則を紹介していきます。心理法則がわかると、心理術の効果も十分に発揮されます。

アンガーマネジメント

怒りのコントロール法のこと。アンガーは「怒り」、マネジメントは「管理」という意味で、イライラとした感情に振り回されないようにするための心理プログラム。

参照ページ→ P.161

ペルソナ・ペインティング

「ペルソナ」とは、人前に見せている自分のこと。「ペルソナ・ペインティング」とは、普段の自分のペルソナとは別の人格を演じ、平常心を保つこと。

参照ページ→ P.162

アンカリング

幸せな気分になる行動を取ると、自然と幸せな気分を味わえるという効果。「うれしい」「楽しい」などの言葉を発すると、気分が晴れることも。

参照ページ→ P.163

合理化

不幸な出来事や失敗など、都合の悪い出来事に対して、体調や周囲の環境などさまざまな納得のいく理由をつけて正当化すること。

参照ページ→ P.167

拡張自我

「自我」とは、自分の内面を指す言葉ですが、拡張自我は自分の内面だけでなく、学歴や家柄、身につける服やアクセサリーなどのものや考えも自分と捉えること。

参照ページ→ P.171

ハウリング効果

ハウリングとは、マイクがスピーカーの音を拾い「キーン」と鳴る現象。ハウリング効果は、過去の失敗体験を思い出し、「今回もまた失敗してしまうかも」と恐れる心理のこと。

参照ページ→ P.172

公表効果

口にする言葉と気持ちが関係している現象。ネガティブなことを言うとネガティブな気持ちになり、ポジティブなことを言うと、ポジティブな気持ちになる。

参照ページ→ P.175

アファメーション

自分の信念や目標を外部に宣言すること。人前で宣言する、日記に書く、インターネットで投稿するなどもアファメーションの一種。

参照ページ→ P.177

おわりに

『相手を操る心理術事典』いかがでしたでしょうか。

 本書を読み終えたみなさんの頭には、さまざまな心理術のテクニックがインプットされたことと思います。

 本書は、日々のさまざまなシーンで実践しやすい内容を網羅するように構成しました。

 大切なのは、本書を読み終えたあとに実践することです。

 身近な人のしぐさを観察して本音を見破る、明日から職場で苦手な人との接し方を変える、気になる人にアプローチする、落ち込みやすい自分の心を応援する……。

 使い方は人それぞれ。ぜひ、使えそうな心理術から試してみてください。

 本書が、そっとあなたの背中を後押しする1冊になることができたら幸いです。

西島秀穂

西島秀穂
(にしじま・ひでほ)

1973年生まれ。埼玉県出身。心理研究家。
大学卒業後、中堅マーケティングリサーチ会社に勤務しながら、心理術の研究をはじめる。40歳で独立、現在は心理術のビジネス利用をメインに個人コンサルティング事業を展開している。「即効性」「日常への取入れやすさ」が定評。

装丁　西垂水敦(krran)
本文デザイン・イラスト　和全(Studio Wazen)
DTP　横内俊彦

たった一言で心を支配する
相手を操る心理術事典

2018年 5月22日　　初版発行
2020年10月29日　　7刷発行

著　者　　　西島　秀穂
発行者　　　野村　直克
発行所　　　総合法令出版株式会社
　　　　　　〒103-0001
　　　　　　東京都中央区日本橋小伝馬町15-18
　　　　　　EDGE小伝馬町ビル9階
　　　　　　電話　03-5623-5121

印刷・製本　　中央精版印刷株式会社

ⓒ Hideho Nishijima 2018 Printed in Japan　ISBN978-4-86280-620-8
落丁・乱丁本はお取替えいたします。
総合法令出版ホームページ　http://www.horei.com/

本書の表紙、写真、イラスト、本文はすべて著作権法で保護されています。
著作権法で定められた例外を除き、これらを許諾なしに複写、コピー、印刷物
やインターネットのWebサイト、メール等に転載することは違法となります。

　視覚障害その他の理由で活字のままでこの本を利用出来ない人のために、営利
を目的とする場合を除き「録音図書」「点字図書」「拡大図書」等の製作をする
ことを認めます。その際は著作権者、または、出版社までご連絡ください。

好評既刊

たった一言で印象が変わる！
モノの言い方事典

佐藤幸一 著 ｜ 定価 900 円＋税

できる人は、たった一言でチャンスをつかむ！
基本の敬語から、依頼・謝罪・雑談・電話・メールなどビジネスシーンに対応した、スマートな言い方を徹底紹介。
ふだんの会話からメールで使える表現まで、状況に合ったフレーズをまる覚えするだけで、実践ですぐに使えます。

好評既刊

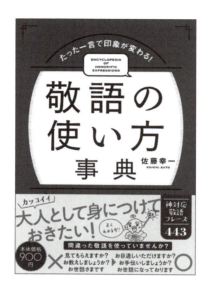

たった一言で印象が変わる！
敬語の使い方事典

佐藤幸一 著 ｜ 定価 900 円 + 税

カッコイイ大人として身につけておきたい、敬語フレーズ集！
敬語は、いわば「言葉遣いの基本」です。もっというと「人間関係の基本」です。ビジネスシーンや電話・メール、日常の一場面まで、あらゆるケースで使うべき正しい敬語を紹介しています。